# Le mystère du Mardi Gras

H. Bedford-Jones

**Writat**

Cette édition parue en 2024

ISBN : 9789359944005

Publié par
Writat
email : info@writat.com

# Contenu

# CHAPITRE I

## *Carnaval*

JACHIN FELL écarta les rideaux de verre entre les volumineuses surtentes des fenêtres du Chess and Checkers Club et contempla les rues tumultueuses de la Nouvelle-Orléans. Depuis une demi-heure, il attendait ici, dans le salon, le Dr Cyril Ansley, un célibataire d'âge moyen qui exerçait à Opelousas depuis vingt ans et qui était venu en ville pour les festivités du Mardi Gras. Un autre homme aurait pu paraître irrité par l'attente, mais Jachin Fell était plutôt imperturbable.

Il avait bien l'air d'un commis. Ses traits étaient fins et banals ; ses yeux pâles exprimaient constamment une expression d'étonnement distant, comme s'il voyait autour de lui beaucoup de choses qu'il essayait vainement de comprendre. Il y avait dans toute son attitude une timide réticence. Il n'était pas commis, mais cela ressortait clairement de sa tenue vestimentaire. Il était vêtu de la tête aux pieds dans des tons de gris sobrement mélangés dont la richesse n'était remarquable qu'à vue rapprochée. On le voyait comme un homme bien précis, une vieille fille du mauvais sexe.

Le docteur Ansley, un Inverness jeté sur ses vêtements de soirée, entra dans le salon et Fell se tourna vers lui avec un rire sec et sans ton.

"Tu es la limite ! As-tu oublié que nous allions chez les Maillard ce soir ?"

Ansley semblait vexé et irrité. "C'est foutu, Fell !" il s'est excalmé. "J'ai parcouru toute la ville à la recherche d'El Reys . Pris dans la foule, pas encore d'El Reys !"

Fell émit à nouveau son petit rire sans voix. Sa voix était absolument neutre, sans aucun changement d'inflexion.

"Mon cher, il n'y a que trois endroits dans la ville qui peuvent se permettre d'emmener El Reys en ces temps difficiles ! Mais ce club se trouve être l'un des trois. Ici, asseyez-vous et oubliez vos ennuis autour d'une vraie cigarette. ! Nous n'avons pas encore besoin de partir avant quinze minutes, au moins.

Le docteur Ansley déposa sa cape, son bâton et son chapeau et se laissa tomber dans l'un des grands fauteuils confortables. Il accepta le cigare qu'on lui tendait en soupirant. Il posa sur ses genoux un journal du soir dont les gros titres annonçaient un supplément.

« Je suppose que vous parcourez la ville depuis que les Fêtards ont ouvert la saison ? s'enquit-il.

"À peine", dit Fell avec son air timide. "Je me raidis un peu avec l'âge, comme le disait Eliza lorsqu'elle traversait la glace. Je n'ai pas grand-chose à faire."

"Vous comptez vous masquer pour les Maillard ' ?" Ansley jeta un œil sur la tenue professionnelle grise du petit homme.

"Je ne porte jamais de masque." Jachin Fell secoua la tête. "Je vais chercher un domino et partir comme je suis. Excusez-moi, je vais commander un domino maintenant, et aussi fournir quelques El Reys supplémentaires pour la soirée. De retour dans un instant."

Le docteur Ansley, qui était lui-même membre non-résident du club et socialement important lorsqu'il pouvait s'accorder du temps libre pour la société, suivait la silhouette légère de l'autre homme avec des yeux spéculatifs. Même s'il connaissait Jachin Fell, il trouvait invariablement en cet homme une source de spéculations perplexes.

Pendant de nombreuses années, Jachin Fell avait été membre des clubs les plus exclusifs de la Nouvelle-Orléans. Il fut même reçu dans les cercles restreints de la société créole, ce qui en soi était une preuve suprême de sa position. Dans ce club particulier, il était réputé comme un maître sorcier des échecs. Il n'a jamais participé à un tournoi, mais il a systématiquement battu les champions dans des matchs privés – les a vaincus avec une facilité déconcertante, une aisance timide et désolée, une aisance qui a laissé les spectateurs incrédules et consternés.

Avec tout cela, Jachin Fell restait un mystère, même parmi ses amis les plus proches. On savait très peu de choses de lui ; il était jusqu'à un certain point discret, et on pensait généralement qu'il était en quelque sorte un reclus, résultat d'une histoire d'amour contrariée dans sa jeunesse. Il était avocat et avait certes des bureaux dans le bâtiment de la Maison Blanche, mais il ne comparut jamais devant les tribunaux et aucun cas de sa plaidoirie n'était connu.

On disait qu'il vivait dans la maison reconstruite d'un vieux grand espagnol dans le Vieux Carré , et que sa résidence était un véritable trésor de belles choses historiques. Ce n'était qu'une simple rumeur , ajoutant une touche de romantisme au mystère général. Ansley le connaissait aussi bien que la plupart des hommes, et Ansley en connaissait quelques-uns qui pouvaient se vanter d'avoir été un invité chez Jachin Fell. Il y avait une mère, une invalide dont Fell parlait parfois et à qui il semblait se consacrer. La famille, une ancienne de la ville, a promis de mourir avec Jachin Fell.

Ansley tira une bouffée de son cigare et réfléchit à ces choses. Dehors, dans les rues de la Nouvelle-Orléans, régnait la folle gaieté du carnaval. La semaine précédant le Mardi Gras touchait à sa fin. Depuis le début de la nouvelle année, la fête avait été célébrée par une série de bals et de divertissements, en grande partie par les familles plus âgées qui s'en tenaient aux anciennes coutumes, et dans une moindre mesure par la société dans son ensemble. Maintenant approchait la dernière semaine, ou plutôt les trois derniers jours, la période des grands bals, la période où les touristes affluaient en ville ; pour les touristes, toute la durée du Mardi Gras était comprise dans ces trois jours. Malgré des prédictions angoissantes, la prohibition n'avait pas porté atteinte au Mardi Gras ni à la gaieté de sa célébration.

Aujourd'hui comme toujours, le Mardi Gras était symbolisé par des masques. À la Nouvelle-Orléans, la mascarade n'était pas l'ébat pâle et pitoyable des climats plus froids, où l'occasion n'est qu'une occasion d'exposer des bijoux et des costumes, et où la véritable dissimulation de l'identité est une farce. Ici, à la Nouvelle-Orléans, il y avait des bijoux et des costumes dans une profusion de splendeur ; mais ici était préservée l'idée sous-jacente du masque lui-même : que c'est dans la dissimulation de l'identité que réside la vie de la chose ! Les masques balayaient gaiement les rues ; si le mari arlequin flirtait avec la femme domino, eh bien, tant mieux ! Il y avait peu de mal dans le masque latin et une grande gaieté.

Quand Jachin Fell revint et alluma son cigare. Il se laissa tomber dans l'un des fauteuils luxueux à côté d'Ansley et désigna le journal posé sur les genoux de ce dernier, ses gros titres flamboyants ressortant en noir.

"Qu'est-ce qu'il y a à propos de Midnight Masquer ? Il n'est pas réapparu ?"

"Quoi?" Ansley lui jeta un regard surpris. "Vous n'avez pas entendu?"

Fell secoua la tête. "Je lis rarement les journaux."

" Bon Dieu, mec ! Il s'est pointé hier soir au bal Lapeyrouse , deux minutes avant minuit, comme d'habitude ! Un détective avait été engagé, mais il a ensuite été retrouvé enfermé dans un placard, lié avec ses propres menottes. Le Masquer portait son costume habituel. costume - et a participé à la fête de manière célèbre, déshabillant tout le monde en vue. Puis il a reculé par les portes et a disparu. Comment il est entré, ils ne peuvent pas imaginer; où il est allé, ils ne peuvent pas imaginer, à moins que ce ne soit en avion. Il a simplement est apparu, puis a disparu ! »

Fell s'enfonça plus profondément dans son fauteuil, pointa son cigare vers le plafond et soupira.

"Ah, très intéressant ! Le butin était évalué à environ cent mille ?"

"Je pensais que tu avais dit que tu n'en avais pas entendu parler ?" » demanda Ansley.

Fell rit doucement et timidement. "Je ne l'ai pas fait. J'ai simplement hasardé une supposition."

"Magicien!" Le docteur rit à l'unisson. "Oui, à peu près ce montant. Exagéré, bien sûr ; mais il y avait quand même des bijoux de grande valeur——"

"Le Masquer est un piquier", observa Fell de sa voix atone.

"Hein ? Un piquier... quand il peut gagner cent mille dollars ?"

"Ne rêvez pas que ces chiffres représentent de la valeur, Docteur. Ce n'est pas le cas ! Tout le butin que le Masquer a pris depuis qu'il a commencé à travailler ne vaut pas grand-chose pour lui. Les bijoux sont difficiles à vendre. Ce jeu de banditisme est romantique, mais il est obsolète de nos jours. Bien sûr, l'escroc a obtenu un peu d'argent, mais pas assez pour valoir le risque.

"Pourtant, il en a beaucoup", répondit pensivement Ansley. "Tous les hommes ont de l'argent, bien sûr ; nous ne voulons pas nous retrouver nus à un moment de carnaval gay ! Je vous garantis que vous en avez une centaine en poche en ce moment !"

"Pas moi", répondit Fell calmement. "Un billet de dix dollars. J'ai aussi laissé ma montre à la maison. Et je ne suis pas habillée ; je m'en fiche de perdre mes clous de perles."

"Hein ?" Ansley fronça les sourcils. "Que veux-tu dire?"

Jachin Fell sortit de sa poche un papier plié et le tendit au médecin.

" J'ai rencontré Maillard ce matin à la banque. Il m'a appelé dans son bureau et m'a remis ceci, il venait de le recevoir par la poste. "

Le docteur Ansley ouvrit le papier plié ; » une exclamation lui jaillit en lisant le billet adressé à leur hôte de la soirée.

JOSEPH MAILLARD , président,

Banque nationale d'Exeter, ville.

Je vous remercie du masque que vous donnez ce soir. Je serai présent. S'il vous plaît, veillez à ce que Mme M. porte ses diamants, j'en ai besoin.

LE MASQUE DE MINUIT.

Ansley leva les yeux. "Qu'est-ce que c'est... un canular ? Une plaisanterie de carnaval ? "

"Maillard a fait semblant de le penser." Fell haussa les épaules en remettant le billet dans sa poche. "Mais il était nerveux. Il avait peur qu'on se moque de lui et ne voulait pas aller voir la police. Mais il aura deux détectives à l'intérieur de la maison ce soir, et d'autres à l'extérieur."

Depuis le premier bal de l'année organisé au Twelfth Night Club, ce Midnight Masquer, comme on l'appelait, avait tenu la Nouvelle-Orléans en proie à la terreur, à la fascination et au vif intérêt. Jusqu'à un mois avant cette semaine du Mardi Gras, il avait rarement opéré ; il avait volé avec une force austère et inélégante, une brutalité. Soudain ses méthodes changèrent : il apparaissait et traitait ses affaires avec une courtoisie romantique, une gaieté casse-cou ; ses vols devenaient bizarres et extraordinaires.

Au cours du mois dernier, il est apparu au moins une fois par semaine, tantôt à un bal privé, tantôt à un banquet de restaurant, mais toujours avec le même costume : le casque, les énormes lunettes et masque, et les vêtements de cuir d'un aviateur de service. À ces occasions, le rugissement lancinant d'un moteur d'avion avait été rapporté, de sorte que la rumeur populaire disait qu'il avait atterri sur le toit de ses victimes désignées et s'était enfui de la même manière : en avion. Aucune machine n'avait jamais été vue, et la théorie était crue par certains, huée par d'autres.

La police était impuissante. Le Masque de Minuit se moquait ouvertement d'eux et menait ses déprédations avec une insouciance effrontée, apparaissant là où on l'attendait le moins. Les journaux anti-administration criaient à une « vague de criminalité » et à une « organisation d'escrocs », mais sans aucun fondement visible pour de telles clameurs . Le Midnight Masquer travaillait seul.

Le docteur Ansley jeta un coup d'œil à sa montre et déposa son cigare dans un cendrier.

"Nous ferions mieux de déménager, Fell. Tu veux un domino ?"

"J'en ai commandé un quand j'ai reçu mes cigares. Il sera là dans une minute."

"Pensez-vous sérieusement que cette note est authentique ?"

Fell haussa légèrement les épaules. "Qui sait ? Je ne suis pas inquiet. Maillard peut se permettre de se faire voler. Ce sera intéressant de voir comment il le prendra si ce type se présente."

"Tu es calme !" Ansley rit. "Oh, je crois que le prince doit être là ce soir. Vous l'avez rencontré, je suppose ?"

"Non. J'ai eu beaucoup de travail ces derniers temps, comme Eliza l'a dit en traversant la glace : je ne suis pas beaucoup sortie. Mais j'ai entendu parler de lui. Il est américain, n'est-ce pas ? On dit qu'il est devenu très populaire. en ville."

Ansley hocha la tête. " Un très bon gars. Sa mère était américaine, elle a épousé le prince de Gramont ; une affaire internationale de la génération passée. De Gramont lui a mené une vie de chien, j'ai entendu dire, jusqu'à ce qu'il soit tué en duel. Elle vivait à Paris. avec le garçon, il l'a envoyé à l'école ici chez lui, et il était à Yale quand la guerre a éclaté. Il était techniquement sujet français, donc il est retourné faire sa peine.

"Pourtant, c'est un Américain maintenant. Il se fait appeler Henry Gramont , et abandonnerait complètement les trucs de prince si ces Français d'ici le lui permettaient. Il est censé se lancer dans une sorte d'entreprise, mais en ce moment, il passe un moment inoubliable. Toutes les vieilles douairières essaient de l'attraper. »

Jachin Fell hocha la tête. "Je n'ai pas besoin de noblesse, une foule pourrie ! Mais ce type a l'air intéressant. Je serai ravi de le jauger. Ah, voici mon domino maintenant !"

Un page apporta le domino. Tombé, jetant son masque, jeta le domino sur ses épaules, et les deux hommes quittèrent le club en compagnie.

Ils cherchèrent leur destination à pied : la maison du banquier Joseph Maillard. Les rues étaient en effervescence, remplies d'une foule tourbillonnante et riante de mascarades et de fêtards de tous âges et de tous sexes ; des confettis tournoyaient dans l'air, des klaxons étaient assourdissants et des voix rieuses s'élevaient en cris aigus de plaisir effréné.

Ici et là apparaissaient les figures plutôt contraintes des touristes du Nord. Ceux-ci, posés et incapables de se jeter dans l'abandon total de cet esprit de carnaval, ne pouvaient que regarder avec un étonnement perplexe la scène qui leur était si étrangère, tandis qu'ils s'émerveillaient de la gaieté de ces gens du Sud qui pouvaient aller si loin avec liberté et mais sans dépasser les limites de la licence.

Gagnant enfin l'avenue Saint-Charles, à une demi-douzaine de pâtés de maisons de la résidence Maillard, les deux compagnons se trouvèrent bien à l'écart des principales foules du carnaval. Mais même ici, les fêtards ne manquaient pas pour la soirée : des épaves égarées de la foule du centre-ville ou des membres des rassemblements du quartier en route pour se divertir.

Alors qu'ils marchaient, ils furent soudain conscients d'une silhouette souple approchant par l'arrière ; avec un bond en courant et une exclamation de joie, la silhouette s'introduisit entre eux, saisissant le bras de l'un ou l'autre homme, et une voix plaisante s'interposa dans leur conversation.

"Déclarer forfait!" il a pleuré. " Forfait... où sont vos masques, messieurs sobres ? Ce grave médecin peut être pardonné, mais pas un domino qui refuse de se masquer ! Et pour forfait, vous serez mon escorte et m'emmènerez où vous allez. "

En riant, les deux hommes se mirent au pas, jetant un coup d'œil à la silhouette gay entre eux. Columbine , elle était à la fois masquée et masquée. Autour de ses cheveux se trouvait un magnifique foulard orné de motifs métalliques en or massif – une chose des plus inhabituelles. De plus, d'après ses paroles, il était évident qu'elle les avait reconnus.

"Volontiers, belle Columbine", répondit Fell de son ton sec et sans passion. "Nous serons en effet très heureux de vous protéger et de vous emmener avec nous..."

"Au moins jusqu'à la porte", interrompit Ansley avec une prudence évidente. Mais Fell rit sèchement en écartant cette circonspection prudente.

"Non, bon médecin, plus loin !" continua Fell. "Notre Columbine a un excellent passeport, je vous l'assure. Cette écharpe vaporeuse autour de ses tresses corbeau a été tissée pour la bonne reine Hortense, et j'oserais deviner que, serré autour de sa fine gorge, se trouve le collier de saphirs étoilés de la reine... —"

"Oh!" Du Columbine retentit un cri d'avertissement et de consternation rapide. "N'osez pas prononcer mon nom, monsieur, n'osez pas !"

Fell acquiesça avec un petit rire et se calma.

Ansley regardait ses deux compagnons avec une curiosité détournée. Il ne pouvait pas reconnaître Columbine, et il ne pouvait pas dire si Fell parlait de l'écharpe et des bijoux pour plaisanter ou sérieusement. De telles choses historiques n'étaient pas rares à la Nouvelle-Orléans, mais Ansley n'avait jamais entendu parler de ces trésors particuliers. Cependant, il semblait que Fell connaissait leur compagne et l'acceptait comme invitée à la maison Maillard.

"Que fais-tu seul dans la rue ?" » demanda soudain Fell. "N'as-tu pas d'amis ou de parents pour prendre soin de toi ?"

Le rire de Columbine éclata et elle serra le bras de Fell avec confiance.

— N'ai-je pas quelques petits droits au monde, monsieur ? dit-elle en français. "Je me suis mêlé aux chères foules et j'en ai profité avant d'aller me faire enterrer dans les splendeurs ternes de la maison de l'homme riche. Dites-moi, pensez-vous que le Masque de Minuit fera une apparition ce soir ?"

"J'ai toutes les raisons de croire qu'il le fera", dit gravement Jachin Fell.

Columbine porta une main à sa gorge et frissonna un peu.

"Tu... tu le penses vraiment ? Tu n'essayes pas de m'effrayer ?" Sa voix n'était plus gaie. "Mais... les bijoux..."

"Portez-les, portez-les !" Il y avait du commandement dans le ton de Fell. "Ne vous les a-t-on pas donnés ce soir ? Alors portez-les, bien sûr. Ne vous inquiétez pas, ma chère."

Columbine ne dit rien pendant un moment ; sa gaieté semblait s'être éteinte et éteinte tout à coup. Ansley s'interrogeait avec inquiétude sur la contrainte, quand enfin elle rompit le silence.

"Puisque vous avez ordonné, que l'ordre soit obéi !" Elle essaya d'éclater un rire qui parut plutôt forcé. "Pourtant, s'ils sont perdus et sont pris par le Masquer——"

" Dans ce cas, " dit Fell, " que la faute en incombe entièrement à moi. S'ils sont perdus, petite Columbine, d'autres seront perdus avec eux, n'ayez crainte ! Je pense que cette fête serait une riche récompense pour les Masquer, hein. " Prenez l'homme riche et ses amis, ils pourraient supporter d'être cueillis, cette foule ! Des coquins tous. "

« Confondre-toi, Fell ! » s'exclama Ansley avec inquiétude. "Si le bandit se présente, ce sera le diable à payer !"

"Et Maillard paierait." Le rire sec de Fell contenait une note amère. "Laissez-le. Peu importe ? Regardez sa maison, là, flamboyante de lumières. Qui paie ces lumières ? Les gens sur lesquels ses tentacules financiers ont fermé leur emprise. Les bijoux de sa femme ont été achetés avec la monnaie de l'oppression et injustice. La vie de son fils est une vie de friponnerie et d'ivresse sauvage... "

"Mec, tu es fou ?" Ansley désigna la Columbine entre eux. "Nous ne sommes pas seuls ici, vous ne devez pas parler de cette façon..."

Jachin Fell se contenta de rire à nouveau. Le rire de Colombine éclata avec une gaieté renouvelée :

"C'est absurde, mon cher Galen ! Nous pouvons sûrement être autorisés à être nous-mêmes pendant le carnaval ! Fini les hérésies de la société hypocrite. Notre ami dit la sobre vérité. Nous, les mascarades, pouvons admettre entre nous que Bob Maillard est..."

"Ce n'est pas l'homme avec lequel nous épouserions nos filles, à condition que nous ayons des filles", a déclaré Fell. Puis il fit un geste vers la maison devant eux, et son ton changea : " Pourtant, maintenant que nous sommes sur le point d'entrer dans cette maison, nous devons nous rappeler la courtoisie et les limites des invités. N'en dites pas plus. Présentez votre invitation, Columbine, car je pense que nous découvrirons que les portes sont gardées cette nuit par Cerbère.

Ils étaient arrivés devant une file de limousines et de voitures, et s'étaient approchés du portail de la maison Maillard. Ils se tournèrent vers la porte.

La maison se dressait devant eux, une grande maison entourée de jardins, majestueuse à la mode d'autrefois. Les étages inférieurs étaient discrètement obscurcis vers les rues, mais à l'étage supérieur, où se trouvait la salle de bal avec son sol en cyprès, il y avait un scintillement de lumières vives et de fenêtres ouvertes. La musique leur arrivait à mesure qu'ils approchaient. Jachin Fell toucha le bras d'Ansley et désigna une silhouette discrète d'un côté des marches d'entrée.

"Un gardien extérieur", murmura-t-il. "Notre hôte, semble-t-il, ne néglige aucune précaution ! Je plains le Masquer, s'il apparaît ici."

Ils arrivèrent à la porte. Columbine sortit une invitation dûment numérotée, et tous trois entrèrent ensemble dans la maison.

# CHAPITRE II

## *Masqueurs*

JOSEPH MAILLARD aurait pu considérer le message du Midnight Masquer comme un canular perpétré par certains de ses amis, mais il n'a pris aucun risque. Deux détectives étaient postés sur le terrain à l'extérieur de la maison ; à l'intérieur, deux autres personnes, masquées et costumées, surveillaient discrètement et efficacement tout ce qui se passait.

Chaque invité, dès son entrée, était conduit directement en présence de Joseph Maillard lui-même ou de sa femme ; fut invité à se démasquer lors de cette audience privée, puis reçut une faveur et fut renvoyé masqué aux festivités. Ces faveurs étaient cachées, chez les dames, dans des bouquets de corsage ; dans celui des hommes, à l'intérieur de faux cigares. Il devait y avoir une ouverture générale des faveurs à minuit, heure fixée pour le démasquage. Toute cette cérémonie était considérée par les convives comme une innovation délicieuse, et par Joseph Maillard comme une manière délicieuse de s'assurer que seuls les invités entraient dans sa maison. Les invitations peuvent être falsifiées – des visages, jamais !

Lucie Ledanois entra en présence de son majestueux parent et, après s'être démasquée, échangea consciencieusement des baisers avec Mme Maillard. Jusqu'à quelques mois auparavant, jusqu'à ce qu'elle soit devenue gérante de sa propriété — ou de ce qu'il en restait —, Lucie était la pupille des Maillard . Leur ancienne attitude de possession persistait, mais c'étaient des parents pour lesquels elle éprouvait peu d'affection réelle.

« Merci, mon enfant, comme tu es merveilleuse ce soir ! » s'exclama Mme Maillard en la retenant et en examinant ses couleurs vives avec une suspicion évidente. Mme Maillard était elle-même plutôt ronde et rouge, et par-dessus le marché, l'œil était sévère. C'était une femme passionnée et magistrale.

"Merci, madame", et Lucie fit une moquerie de courtoisie. "Est-ce que tu aimes la petite Columbine ?"

" Beaucoup. Voici tante Sally ; prenez le manteau de Miss Lucie, Sally. "

Une vieille servante de couleur hocha la tête pour saluer Lucie, qui ôta son manteau. Ce faisant, elle vit que la voix de Mme Maillard s'éteignait et que les yeux de la dame étaient fixés avec un profond étonnement sur sa gorge.

"N'est-ce pas joli, ma tante ?" » demanda-t-elle en souriant. Cela tendait un peu les relations, mais c'était une coutume que Lucie suivait habituellement en famille.

« Mon Dieu, ma grâce ! » Les yeux sévères se durcirent. « Où... où diable avez- *vous* obtenu une chose pareille ? Pourquoi... pourquoi... »

Les traits de Columbine tressaillirent. Elle était une parente pauvre, bien sûr, donc le regard dans les yeux de la femme plus âgée et l'implication des mots ne constituaient guère moins qu'une insulte.

Doucement, elle porta une main à sa gorge et ôta le collier, le laissant tomber dans la main de Mme Maillard. C'était une chose à faire élargir les yeux de n'importe quelle femme : un collier en or magnifiquement travaillé parsemé de dix grands saphirs étoilés flamboyants. À côté, les diamants qui ornaient la vaste façade de Mme Maillard semblaient froids et sans vie.

"Que?" » demanda innocemment Lucie en sortant un morceau de peau de chamois et en se tamponnant le nez. "Oh, c'est très intéressant ! Il a été fait pour la reine Hortense, tout comme cette écharpe qui empêche mes cheveux en lambeaux de se couper !"

"Vous ne les avez pas achetés, certainement !" demanda Mme Maillard.

"Bien sûr que non. C'était un cadeau... seulement ce matin."

"Fille!" La voix de la dame était dure. "Un cadeau ? De qui, s'il vous plaît ?"

"Oh, j'ai promis de ne rien dire ; c'est un de mes amis particuliers. Les pierres ne sont-elles pas jolies ?"

Mme Maillard était sans voix. Elle serra ses lèvres fermes et regarda Lucie remettre le collier en saphir sans un mot à proposer. En silence, elle tendit un bouquet de corsage de la pile à côté d'elle ; puis, d'une voix tremblante, elle se força à expliquer la faveur qu'elle contenait.

" Et j'espère, " ajouta-t-elle, " qu'avant de recevoir d'autres cadeaux aussi précieux, vous *me consulterez* . Bien sûr, si vous ne souhaitez pas en parler , vous n'êtes pas obligé ; mais un conseil sera souvent nécessaire. sauver une fille de commettre de très graves erreurs.

"Merci, ma tante chérie," et Lucie hocha la tête en épinglant le bouquet. " Tu m'es aussi cher que possible ! A plus tard. "

En mettant son masque en place, elle disparut, non sans soulagement. Elle savait très bien que d'ici une demi-heure Bob Maillard serait informé qu'elle avait accepté des cadeaux de bijoux d'autres hommes, avec toutes les implications et compléments que l'imagination pouvait fournir. Car, même si

Bob Maillard désirait vraiment l'épouser, sa mère n'avait aucune intention d'autoriser une telle union.

"Oncle Joseph non plus", pensa-t-elle en souriant intérieurement, "et moi non plus ! Nous sommes donc tous d'accord, sauf Bob."

"Ancolie!" Une main tomba sur son poignet. "Columbine ! Tourne-toi et confesse tes péchés !"

Un cri d'alarme instinctive s'échappa de la jeune fille ; » elle se tourna, seulement pour éclater d'un rire dépité de sa propre frayeur.

Elle était arrivée au pied du large escalier à l'ancienne qui menait aux étages supérieurs, et à côté d'elle était soudainement apparu un moine franciscain, encapuchonné et vêtu d'une robe marron sobre de la tête aux pieds.

"Tu m'as fait peur, saint homme !" s'écria-t-elle gaiement. "Je vous l'avoue, en effet ! Pas moi."

"Jamais une meilleure chance, papillon du monde !" C'était une voix qu'elle reconnaissait vaguement, mais dont elle ne parvenait pas à nommer le propriétaire : une voix joyeuse et insouciante, légèrement déguisée.

"Jamais une meilleure chance", et le franciscain lui tendit le bras. « Ne vous précipitez pas pour danser, belle sœur ; attendez un moment et invitez l'âme à des discours importants ! Après avoir croisé le dragon à la porte, attendez un moment avec cet homme de vœux… »

« Alors, rétrécis-moi vite, » dit-elle en riant.

"Maintenant, sans confession ? Voudriez-vous que je lise vos pensées et que je fasse pénitence ?"

" Si vous pouvez le faire, saint homme, je peux l'avouer ; alors prouvez-le vite ! "

Pour le moment, ils étaient seuls. Plus haut dans les escaliers, et parmi les pièces derrière eux, se trouvaient des groupes gais de masques : dominos, imposants Méphisto , hommes des bois, vaillants d'Espagne et de France, Indiens rouges et hindous enturbannés.

Le franciscain se pencha en avant. Sa voix était basse, distincte, nette, et il parlait dans un français que Lucie comprenait comme une autre langue maternelle, comme le font la plupart des familles plus âgées de la Nouvelle-Orléans.

" Voyez comme je les lis, mademoiselle ! Une pensée est un soupçon inquiet ; elle est caractérisée par un homme aux lèvres dures et avide. Une pensée est un profond regret ; elle est caractérisée par un sombre courant d'huile qui jaillit. Une pensée... "

Soudain, Lucie s'était éloignée de lui. "Qui—qui es-tu ?" souffla-t-elle avec un halètement qui ressemblait presque à de la peur. "Qui êtes-vous, monsieur ?"

"Un humble frère des ordres mineurs", et il s'inclina. " Ne dois-je pas continuer ma lecture ? La troisième pensée, mademoiselle, est une pensée d'espoir ; elle est représentée par un petit homme tout de gris vêtu... "

Lucie se détourna vivement de lui.

"Je pense que vous avez commis une grave erreur, monsieur", dit-elle. Sa voix était froide, chargée de rejet et de dignité offensée. "Je vous en prie, excusez-moi."

N'attendant aucune réponse, elle monta précipitamment les escaliers. Après elle, il regarda un instant le franciscain, puis haussa ses larges épaules et se plongea dans la foule.

La salle de bal du dernier étage était trépidante de musique, gaie de costumes et de décorations , remplie de couples dansants. Dans le tourbillon, Columbine pirouettait. Presque aussitôt, elle se retrouva à danser avec un mousquetaire magnifiquement vêtu ; elle se sépara de lui le plus vite possible, car elle reconnut Bob Maillard. Il ne l'a pas non plus retrouvée, bien qu'il ait cherché, sans connaître son identité ; car elle lui a échappé.

Pendant qu'elle dansait, pendant qu'elle bavardait, riait et entrait dans la folle gaieté de la soirée, Lucie Lédanois ne pouvait chasser de son esprit ce sinistre franciscain. Comment aurait-il pu le savoir ? Comment avait-il pu deviner ce qu'elle et une autre personne soupçonnaient à peine ? Il n'y avait aucune preuve, bien sûr ; le seul souffle de suspicion semblait une calomnie contre un homme honnête !

Joseph Maillard avait vendu ce terrain de Terrebonne six mois avant qu'on y découvre du gaz ou du pétrole, et huit mois avant que Lucie ne prenne la direction de ses propres affaires. Bien entendu, il n'était pas au courant de l'existence des minéraux ; c'était seulement un cas de mauvais jugement. Pourtant, il était indubitablement désormais actionnaire et dirigeant de la Bayou Oil Company, la société qui avait acheté cette bande de terre.

Deux ans auparavant, Maillard avait vendu ce terrain marécageux de la paroisse de Saint-Landry ; les terres avaient été drainées et divisées par des agents immobiliers avec un profit énorme.

Lucie s'efforçait avec colère de bannir les pensées sombres de son esprit. Maillard était un homme riche, un banquier, un honnête gentleman ! Douter de son honneur , bien qu'il fût un homme dur et sévère, était impossible. Lucie le connaissait mieux que quiconque et ne pouvait pas croire...

« Puis-je demander pardon pour mon erreur ? » » fit une voix à son côté. Elle se tourna pour revoir le franciscain à côté d'elle. — Avec mille excuses pour l'impertinence, mademoiselle ; je suis bien désolé de mes fautes. Cet aveu ne m'obtiendra-t-il pas une petite danse, un soupçon de pardon de la belle Columbine ?

Quelque chose dans sa voix représentait la sincérité. Lucie, souriante, lui tendit la main.

"Tu es pardonné, saint homme. Si tu peux danser dans cette robe de moine, alors essaie-le !"

Pourrait-il vraiment danser ! Qui ne pourrait pas danser avec Columbine pour partenaire ? En disant cela , le moine prouva sa parole par l'acte et le prouva bien. Il ne laissa pas non plus entendre qu'il l'avait reconnue ; jusqu'à ce qu'au moment où ils se séparèrent, il la laissa une fois de plus étonnée et perturbée. En s'inclinant, il murmura :

"Attention, douce Columbine ! Attention au gai Aramis ! Attention à ses propositions !"

Il est parti sur parole.

Aramis? Eh bien, ce doit être le Mousquetaire, bien sûr : Bob Maillard ! Le nom, avec ses implications, a été un succès astucieux. Mais qui était ce moine brun, qui semblait tant savoir, qui dansait si divinement, dont le français était comme la musique ? Un vague soupçon flottait dans l'esprit de la jeune fille, mais elle n'avait aucune preuve.

Une demi-heure après, Bob Maillard vint vers elle et, avec des paroles impatientes, se fraya un chemin à travers le cercle qui l'entourait. Il lui saisit la main et se pencha dessus avec une affectation de galanterie qui lui allait bien, car dans son costume il faisait une belle silhouette.

"Je te connais maintenant, Lucie !" murmura-t-il. "Je dois vous voir tout de suite... au conservatoire."

Elle était disposée à refuser, mais acquiesça brièvement. Les paroles du moine l'intriguèrent ; qu'avait deviné l'homme ? Si Bob était effectivement sur le point de proposer, elle lui couperait cette fois tout espoir pour de bon. Mais... était-ce ce genre de proposition ?

Alors qu'elle parvenait à se débarrasser de ses admirateurs et descendait au conservatoire, elle fut très en colère contre elle-même et contre le franciscain, et arriva donc à son rendez-vous dans un état d'esprit inéquitable. Elle trouva Maillard qui l'attendait dans la véranda à l'ancienne ; il avait démasqué et fumait une cigarette. Ses traits lourds et ses yeux audacieux et perspicaces étaient fixés sur elle avec avidité alors qu'il venait à sa rencontre.

" Bon sang, Lucie, tu es belle ce soir ! "

"Merci, cousin Robert. Était-ce pour ça———?"

"Non ! Tu vois, où as-tu trouvé ce collier de bijoux ?"

"En effet!" La jeune fille se redressa fièrement. « Quelles sont vos affaires, monsieur ? »

"N'êtes-vous pas un membre de la famille ? C'est notre affaire de protéger votre réputation———"

"Sois prudent!" La colère trembla dans sa voix, coupa ses paroles. "Sois prudent!"

"Mais bon sang—Lucie ! Tu ne sais pas que je veux t'épouser———"

"Mon cher Robert, je ne veux certainement pas épouser un homme qui me jure en face, et encore moins toi !" intervint-elle froidement. " Je vous ai déjà refusé trois fois ; que ce soit la quatrième et la dernière. Je ne vous dois aucun compte de mes biens ni de l'endroit où je les trouve ; je suis tout à fait capable de gérer mes propres affaires. Maintenant, dites-moi gentiment pourquoi vous m'avez souhaité te rencontrer ici. De plus, tu sais que je n'aime pas la fumée de cigarette.

D'un air boudeur, Maillard jeta sa cigarette ; avec un effort, il se calma. Il était tout sauf idiot, ce jeune homme. Il était plutôt intelligent et voyait qu'il avait si longtemps considéré sa jolie cousine comme un bien personnel qu'il risquait maintenant de la perdre.

"J'ai une chance de gagner de l'argent pour vous rapidement", a-t-il déclaré. "Votre père vous a laissé une bonne partie des terres jusqu'au Bayou Terrebonne———"

"Ton père en a vendu une partie", ajouta-t-elle, distraitement. Ses yeux se tournèrent vers la poussée.

"Oui, mais il vous en reste beaucoup, près de Paradis. C'est loin du gisement de gaz, mais je m'intéresse à une compagnie pétrolière. Nous avons beaucoup d'argent, et nous allons y aller fort après l'or liquide. Votre terrain n'est bon à rien d'autre, et si vous voulez en tirer un peu d'argent, je vais inciter la société à le louer à un bon prix et à y forer.

"Vous pensez qu'il y a du pétrole sur terre ?"

"Non." Il fit un geste de dissidence rapide et énergique. "Pour être franc, non. Mais j'aimerais bien vous lancer un peu de chance, Lucie. Nous mettons beaucoup d'argent dans la société et quelques cerveaux. Ce type de Gramont , le prince, vous Je le connais : il est ingénieur et géologue, et il est dans la natation. »

"Alors," la jeune fille sourit un peu, "tu trahirais tes amis d'affaires pour gagner un peu d'argent pour moi ?"

Maillard la regardait. "Eh bien, si tu le dis ainsi, oui ! Je ferais plus que ça pour——"

"Merci," l'interrompit-elle, la voix froide. "Je ne pense pas que je ferais très confiance à votre sagacité, Robert. Bonne nuit."

Elle se détourna de lui et disparut, dansant à travers les grandes salles comme une vraie Columbine. Plus tard, il l'a vue parmi les danseurs ci-dessus, bien qu'il n'ait obtenu aucun autre discours avec elle.

Minuit approchait et inquiétait beaucoup de gens ; le Masque de Minuit avait gagné son nom en apparaissant invariablement un instant ou deux avant minuit. Jachin Fell, qui partageait son temps entre profiter du fumoir et flâner parmi les masques, s'aperçut que Joseph Maillard surveillait l'heure avec inquiétude.

Homme grand, sévère et d'allure un peu méprisante, Maillard était plus imposant que beau. Il apparaît comme le banquier typique, efficace, dénué de tout sentiment. Amusé par le malaise évident de l'homme, Jachin Fell le garda à l'œil pendant que les instants s'éternisaient. On aurait pu croire que le petit homme gris étudiait le financier comme un entomologiste étudie un papillon sur une épingle.

Peu avant midi, Columbine pirouettait jusqu'à Jachin Fell et acceptait le bras qu'il lui offrait. Ils étaient pour le moment seuls, dans un coin de la salle de bal.

« Je dois vous voir demain, s'il vous plaît, » souffla-t-elle.

"Avec plaisir", acquiesça-t-il. "Puis-je appeler ? C'est dimanche, tu sais——"

" Si vous voulez bien ; à trois heures. Il s'est passé quelque chose, mais je ne peux pas en parler ici. Est-ce que quelqu'un d' autre sait que vous... que vous vous intéressez à mes affaires ? "

Les yeux gris pâle du petit homme gris semblaient très innocents et interrogateurs.

"Certainement pas, ma chérie ! Pourquoi ?"

"Je te dis ça demain." Puis elle éclata de rire. "Eh bien, il est minuit et le Masquer n'est pas apparu ! Je suis presque désolé."

Les lumières s'éteignirent un instant, puis se rallumèrent. Le signal du démasquage !

La danse cessa. De toute la salle s'élevait une multitude de voix, des cris de surprise, des exclamations, des rires joyeux. Columbine ôta son masque. Un instant plus tard, Joseph Maillard s'approcha d'eux, riant intérieurement et paraissant extrêmement soulagé.

" Ha, Lucie ! Je t'ai devinée sous la délicatesse de Columbine ! Eh bien, Jachin , c'était un canular après tout, hein ? Une foutue blague. Descends à la bibliothèque dans cinq minutes, tu veux ? Une réunion du cercle restreint, pour discuter de l'interdiction.

"Tu ne vas pas m'inviter, oncle Joseph ?" interrompit gaiement Lucie.

"Non, non, petit !" Maillard la réprimanda en riant. " Ne regardez pas la coupe d'argent à votre âge, ma chère. Avez-vous déjà examiné votre faveur ? "

En se souvenant, la jeune fille attrapa son corsage. Des cris de joie s'élevaient de toutes parts à mesure que les faveurs étaient révélées – des faveurs des plus belles , même pour Mardi Gras ! Du cœur des boutons de rose qu'elle tenait à la main, Lucie retira une broche en filigrane ancien sertie d'un groupe de perles. Elle chercha du regard Jachin Fell, mais il avait disparu avec Maillard. Une voix s'éleva à son coude :

"Mademoiselle, vous n'êtes pas moins chanceuse que belle ! Perles à perles !"

Elle se tourna pour voir le franciscain, non plus masqué, mais qui la regardait maintenant d'un air franc et rieur, encore partiellement voilé par le capuchon brun qui lui entourait la tête.

"Henry Gramont !" s'exclama-t-elle. "Oh, je soupçonnais à moitié que c'était toi———"

"Mais tu n'étais pas sûr ?" il en riant. "Tu n'es pas offensée contre moi, Lucie ?"

"Je devrais être." Elle secoua la tête. « Vous avez été impertinent, monsieur le prince !

Il fit un geste désagréable. "Rien de tout ça, Lucie ! Tu sais que je n'aime pas ça———"

"Oh la la!" elle s'est moquée de lui. "M. le prince voit l'Amérique, *n'est-ce pas ce pas* ? Il est venu en Amérique pour trouver une femme riche, n'est-ce pas ? »

de Gramont perdit son sourire et devint soudain presque dur.

— Je vous rendrai visite demain à quatre heures, Lucie, dit-il brusquement en se retournant. Il ne s'arrêta pas non plus pour obtenir sa réponse. Un instant après, Lucie fut entourée d'un joyeux groupe d'amis, et elle ne revit plus Henry Gramont .

Environ cinq minutes plus tard, ceux qui étaient présents dans la salle de bal entendirent distinctement, à travers les fenêtres ouvertes, les fortes pulsations d'un moteur d'avion.

# CHAPITRE III

## *Le bandit*

La bibliothèque de JOSEPH MAILLARD se trouvait au rez-de-chaussée de la maison ; c'était une pièce calme et majestueuse, et elle était invariablement fermée sur elle-même. Pas même cette nuit, parmi toutes les nuits, elle n'a été ouverte avec le reste de la maison.

Ici, depuis une bonne demi-heure, se trouvait l'oncle Nab. Le vieux majordome s'occupait mystérieusement de certains grands gobelets en argent, de menthe parfumée et de bouteilles encore plus parfumées, bien qu'illégales. Et c'est ici que Joseph Maillard convoqua une demi-douzaine de ses acolytes et amis, après que le coup de minuit lui eut assuré qu'il n'y avait aucun danger à attendre de la part du bandit. Son fils n'en faisait pas partie. La demi-douzaine était presque tous des hommes âgés et, à l'exception de Jachin Fell, tous étaient des hommes importants.

Autour de la table étaient regroupés Maillard et ses invités , tandis qu'à l'arrière-plan planait l'oncle Nab, noir luisant, extrêmement important et souriant largement. Fell fut le dernier à entrer dans la pièce et, ce faisant, le vieux juge Forester se tourna vers lui en souriant.

" Ah, voici un avocat en qui il n'y a pas de tromperie ! Jachin , viens régler un différend. Je maintiens que la dignité de la loi n'est pas moindre maintenant qu'autrefois ; qu'elle s'est simplement adaptée aux conditions changeantes, et que c'est un métier de gentlemen, maintenant comme toujours. Jules, exposez votre argument !

Jules Delagroux , un avocat créole aux cheveux blancs de haut rang, sourit un peu tristement.

« Mon argument, dit-il, c'est que les temps anciens sont morts ; que le droit n'est plus une profession, mais une profession de charlatans. En un mot, que le droit a été tué par les avocats. Il fit un geste définitif et jeta un coup d'œil à Fell.

"Donc?" Jachin Fell sourit timidement. "Messieurs, je suis entièrement d'accord avec vous deux. Je suis avocat, mais je n'exerce pas parce que je ne peux pas m'adapter à ces conditions très changeantes dont parle le juge Forester. Aujourd'hui, l'avocat doit être un homme politique; il doit être adepte de l'astuce des paroles et des actes, il doit savoir non pas servir sa profession mais la faire servir à lui, et il doit toujours se rappeler que les droits de propriété sont plus sacrés que ceux de la vie et de la liberté. reste honnête et pauvre. »

Une exclamation de « Vrai » de la part du juge fit sourire. Jachin Fell poursuivit d'un air fantaisiste :

« En ce qui concerne ces mêmes conditions, il y a de nombreuses années, messieurs, j'ai été tenté de changer de profession, mais pour quoi ? J'ai vu qu'ils valaient aussi pour un médecin. J'ai été tenté par d'autres choses, toujours avec le même résultat. Eh bien, vous connaissez l'histoire de tante Dixie et de ses sous-vêtements noirs : « Chérie, je n'ai pas honte de mon chagrin ; quand je pleure, je *pleure* ! Même ainsi avec la loi——"

Un éclat de rire l'étouffa et l'argument initial fut oublié. Maillard, debout devant un petit coffre-fort mural qui flanquait l'âtre ouvert, soulevait son gobelet d'argent , fumant de perles. Le moment qu'il attendait était là ; il lança son petit coup de foudre d'un air d'importance satisfaite.

"Mes amis, j'ai un aveu à faire !" il a annoncé. "Aujourd'hui, j'ai reçu une note du Midnight Masquer indiquant qu'il serait avec nous ce soir, probablement à minuit, son heure habituelle."

Ces mots provoquèrent un silence instantané. L'oncle Nab, de son coin, lança un « Fore de lawd ! cela résonnait dans la pièce ; pourtant personne ne souriait. La demi-douzaine d'hommes étaient tendus, vigilants, étonnés. Mais Maillard brandissait sa coupe d'argent et riait gaiement.

« J'ai pris toutes mes précautions, messieurs. L'heure du danger est passée, et le bandit notoire n'est pas arrivé – ou, s'il est arrivé, il est maintenant entre les mains de la justice. Après tout, cette note était peut-être quelque chose d'inattendu. la nature d'une plaisanterie de carnaval ! Alors, à vos tasses, mes amis – une santé pour la vie pour le Mardi Gras, et la damnation pour la prohibition et le Masque de Minuit !

De la part de tout le monde, un rapide assentiment au toast, un murmure de tension soulagée. Les gobelets en argent furent soulevés, touchés dans un tintement musical des bords, et le souffle aromatique des Juleps remplit la bibliothèque tandis que les buveurs, à la manière du Sud, enfouissaient leur nez dans la menthe parfumée. Puis, alors que les tasses étaient abaissées, du renfoncement des fenêtres à rideaux à une extrémité de la pièce parvint une voix douce :

"Je vous remercie, messieurs ! Mais je dois vous rappeler, Maillard, qu'il n'y avait pas de délai fixé dans la note."

Avec un halètement simultané, tout le monde se retourna. Maillard chancela ; son visage devint livide. L'oncle Nab, qui s'avançait pour remplir les tasses, laissa tomber son plateau d'argent avec un fracas qui resta inaperçu, voire inaudible. Tous les yeux étaient fixés sur cette silhouette étonnante qui sortait maintenant des ombres de la niche.

C'était la silhouette d'un aviateur, vêtu de cuir de la tête aux pieds, les lunettes et le bouclier de casque masquant complètement sa tête et ses traits . Dans sa main, il tenait un pistolet automatique qui couvrait de sa gueule menaçante le groupe d'hommes devant lui.

"Pas un son, s'il vous plaît", prévint-il, sa voix fine et nasillarde — visiblement déguisée. "J'espère qu'aucun de vous, messieurs, n'est armé, car je suis très rapide sur la gâchette. Une très bonne surprise, Maillard ? Vous m'aviez livré, hein ?"

Pendant un instant, personne ne parla. Puis Maillard bougea légèrement, approcha sa main d'un bouton encastré dans le mur près du coffre-fort. La voix du bandit lui sauta dessus comme de l'acier fin :

"Tais-toi, imbécile ! Si tu touches ce bouton——"

Maillard se raidit et agrippa le bord de la table de sa main tremblante.

"C'est un scandale, hein !" commença le juge Forester, sa barbiche blanche hérissée. Le bandit s'inclina légèrement et s'adressa à l'assemblée sur un ton de raillerie sèche :

" Un outrage ? Exactement. Vous parliez tout à l'heure de la majesté de la loi. Eh bien, je vous assure que j'ai trouvé votre discussion extrêmement intéressante. M. Fell a déclaré à juste titre que les droits de propriété sont plus sacrés aux yeux des juristes que les droits de l'homme. la vie humaine... Voyez-vous, messieurs, la discussion m'a touché de très près !

"Je suis maintenant en train d'outrager la loi, et j'ai cet amendement à proposer à M. Fell : que s'il avait été tenté d'exercer la profession de voleur , il aurait trouvé les mêmes conditions prédominantes que celles qu'il a citées comme s'appliquant à d'autres les professions."

Jachin Fell, seul parmi ceux autour de la table, laissa un sourire dessiner ses lèvres.

" Le droit de propriété, poursuivit le bandit avec une douceur mortelle, est pour moi aussi bien plus sacré que la vie humaine ; là, je suis d'accord avec la loi. Alors, messieurs, videz gentiment vos poches sur la table. " Sa voix devint nette. " Les épingles à foulard ornées de bijoux que vous avez reçues ce soir en guise de faveurs pourront être ajoutées à la collection ; sinon, je ne toucherai pas à vos effets personnels. Pas de montres, merci. Maillard, veuillez commencer ! Je crois que vous portez un portefeuille ? Si s'il te plaît."

Le banquier ne pouvait qu'obéir. Les mains tremblantes de peur et de rage, il sortit de sa poche un portefeuille et vida une liasse de billets sur la table. Les uns après les autres, les autres hommes suivirent son exemple. Le bandit ne tentait pas de les fouiller, mais les regardait avec des yeux brillants derrière son masque tandis qu'ils déposaient de l'argent et des épingles à foulard sur la table. Quand ce fut son tour, Jachin Fell sortit un seul billet de sa poche et le déposa.

« Vous avez une certaine confiance en cet avertissement, M. Fell ? Le bandit éclata de rire. "Penses-tu que tu me connaîtras à nouveau ?"

"Je n'y crois pas, monsieur", répondit Fell sur un ton d'excuse. "Votre déguisement est vraiment excellent."

"Merci." La voix du bandit contenait une légère moquerie. "Venant de vous, monsieur, ce compliment est le bienvenu."

« Que diable veut dire ce type ? explosa le juge Forester.

"Alors vous ne savez pas que M. Fell est un homme de grandes affaires ?" Les dents blanches du bandit brillèrent dans un sourire. "C'est un homme modeste, cet avocat ! Et un homme dangereux aussi, je vous l'assure. Mais venez, M. Fell, je ne vous trahirai pas."

Jachin Fell n'a visiblement pas apprécié la plaisanterie. Ses traits timides et étonnés prenaient un air figé et durci.

"Qui que vous soyez," répondit-il, avec un subtil clic de colère dans son ton, "vous serez puni pour cela !"

"Pourquoi, M. Fell ? Pour en savoir trop sur vos affaires privées ?" Le bandit rit . " N'ayez crainte, je ne suis qu'un amateur à ce jeu, heureusement ! Alors faites de votre mieux, et ma bénédiction sur vous ! Maintenant, messieurs, veuillez vous retirer de quelques pas et rejoindre l'oncle Nab là-bas, contre le mur. Tous sauf vous, Maillard ; Je n'en ai pas encore fini avec toi."

Le pistolet automatique fit un geste ; sous sa menace, tout le monde obéissait à l'ordre, car la calme assurance du bandit faisait paraître extrêmement probable qu'il utiliserait cette arme sans scrupule. Les hommes se retirèrent vers le fond de la pièce, où un mot de l'aviateur les arrêta. Maillard restait debout, ses traits lourds se marbraient maintenant d'une colère impuissante.

Le Masquer s'avança vers la table et rassembla le tas d'argent et d'épingles à foulard dans la poche en cuir de son manteau. Au cours du processus, son regard ne s'est pas détourné du groupe d'hommes, et la menace de son arme ne s'est pas éloignée du banquier devant lui.

"Maintenant, Maillard," ordonna-t-il doucement, "tu auras la gentillesse de te retourner et d'ouvrir le coffre-fort mural derrière toi. Et ne touche pas au bouton."

Maillard commença.

« Ce coffre-fort ! Pourquoi… pourquoi… bon sang, je ne ferai rien de tel !

"Si vous ne le faites pas", fut la menace froide, "je vous tirerai une balle dans l'abdomen. Un homme craint une balle pire que la mort. Elle peut vous tuer, ou non; en réalité, je m'en fiche très peu. Vous, vous, financier ! »

Le mépris jaillit dans la voix calme, un mépris qui cingla et mordit profondément.

" Espèce de filou d'argent ! Pensez-vous que j'épargnerais un homme tel que vous ? Vous tirez vos loyers des pauvres et des indigents, vos hypothèques couvrent la moitié des paroisses de l'État, et dans votre cœur il n'y a ni compassion ni pitié pour un homme ou une femme. Je ne vole que ceux qui peuvent se permettre de perdre : suis-je vraiment aussi mauvais que vous, aux yeux de la morale et de l'éthique ? Bah ! Je pourrais t'abattre sans état d'âme !"

Il y avait dans sa voix une menace si mortelle que Maillard en trembla. Pourtant le banquier se redressa et lutta pour se maîtriser, piqué comme il l'était par ce flot de vitupérations devant le groupe de ses amis les plus proches.

"Il n'y a rien de moi dans ce coffre-fort", dit-il d'une voix sourde. "Je l'ai donné à mon fils. Il n'est pas là."

" C'est exactement pour cela, " dit calmement le Masquer, " que je désire que vous l'ouvriez. Votre fils doit apporter sa contribution, car je regrette vivement son absence. Si vous êtes un criminel, il est pire ! Vous volez et volez sous à l'abri de la loi, mais vous avez certaines limites, certaines limites d'un honneur presque dépassé . Il n'en a pas, votre fils. Eh bien, il n'hésiterait pas à vous retourner vos propres tours, à *vous voler*, s'il le pouvait. ! Ouvrez ce coffre-fort ou assumez-en les conséquences ; ne parlez plus, maintenant !"

L'ordre retentit comme un coup de fouet. Avec un haussement d'épaules d'impuissance , le banquier se tourna et fouilla avec le bouton saillant du coffre-fort. À une exception près, tous les regards étaient tournés vers cet étonnant Masquer. L'exception était Jachin Fell, qui, soudain alerte et vigilant, avait tourné son attention vers Maillard et le coffre-fort, une vive spéculation dans son regard comme s'il se demandait ce que cette voûte d'acier allait produire.

Tous étaient silencieux. Il y avait quelque chose dans ce Midnight Masquer qui les retenait intensément. Peut-être certains étaient-ils enclins à le considérer comme un bouffon, un membre du groupe se faisant passer pour le célèbre bandit ; si tel était le cas, ses dernières paroles à Maillard avaient écarté toute pensée de ce genre. Cette accusation avait été mortelle et terrible – et vraie, comme ils le savaient. Bob Maillard n'était pas très admiré par ceux qui, parmi les amis de son père, le connaissaient le mieux.

Maintenant, la porte du coffre-fort s'ouvrit. Les compartiments semblaient vides.

"Sortez les tiroirs et retournez-les au-dessus de la table", ordonna le Masquer.

Maillard obéit. Il prit plusieurs des petits tiroirs, et tous se révélèrent vides ; cette évolution fit rire Jachin Fell. Alors, du dernier tiroir, tomba sur la table une grande enveloppe cachetée. Le Masquer se pencha, saisit cette enveloppe et l'écrasa dans sa poche.

"Merci", observa-t-il. "C'est tout."

"Allez au diable !" s'écria Maillard en serrant le poing. "Tu essaierais le chantage, n'est-ce pas ?"

Le bandit le regarda un instant, puis se mit à rire.

"Si vous saviez ce qu'il y avait dans cette enveloppe, mon cher financier, vous ne parleriez peut-être pas si vite. Si je savais ce qu'il y avait dedans, je pourrais vous répondre. Mais je ne sais pas. Je ne fais que soupçonner... et j'espère."

Pendant qu'il parlait, le bandit reculait vers la porte qui donnait sur le couloir inférieur de la maison. Il ouvrit cette porte, jeta un rapide coup d'œil dans le couloir, puis plaça la clé à l'extérieur.

"Et maintenant, mes amis, *au revoir* !"

Le Masquer bondit à reculons dans la salle. La porte claqua, la clé claqua. Il était parti !

Maillard fut le premier à s'éveiller à la voix et à l'action. "L'autre porte !" il pleure. "Dans la salle à manger——"

Il ouvrit une seconde porte et se précipita dans la salle à manger, suivi des autres hommes. Ici, les fenêtres donnant sur le jardin étaient ouvertes. Alors Maillard s'arrêta brusquement, et après lui les autres ; à travers la nuit résonnait, avec une grande netteté, le rugissement lancinant d'un moteur d'avion ! De Maillard jaillit un cri amer :

" Les détectives... je vais chercher les imbéciles ! Vous, messieurs, fouillez la maison ; oncle Nab, suivez -les dans toutes les pièces ! Ce type n'a pas pu s'échapper... "

"Pas de mot d'alarme pour ces dames", s'écria précipitamment le juge Forester. "S'il n'était pas à l'étage, c'est qu'ils n'ont rien vu de lui. Nous devons diviser et fouiller."

Ils se séparèrent précipitamment. Maillard s'est précipité pour convoquer les détectives, ainsi que pour demander à d'autres hommes de l'aider dans les recherches.

Le résultat fut vain. En vingt minutes, toute la maison, depuis la cave jusqu'au grenier, fut entièrement fouillée, sans causer d'inquiétude aux danseurs de la salle de bal. Maillard commençait à se croire un peu fou. Personne n'avait été vu entrer ou sortir de la maison, et il n'y avait certainement pas eu d'avion dans les environs. Le Masquer n'était apparu que dans la bibliothèque, et maintenant il n'était plus dans la maison. De toute évidence, il n'y était ni entré ni sorti !

"Eh bien, je suis damné !" dit Maillard, impuissant, au juge Forester, une fois la perquisition terminée. "Pas une trace de ce scélérat ! Tiens, Fell , tu ne peux pas nous aider ? Tu n'as rien découvert ?"

"Rien", répondit calmement Jachin Fell.

A cet instant Bob Maillard accourut. Il venait d'apprendre la visite du Masquer. En réponse à ses questions enthousiastes, son père décrivit la scène dans la bibliothèque et ajouta :

« J'espère qu'il n'y avait rien d'important parmi vos papiers, Robert ?

"Non", dit le plus jeune homme. "Non. Rien de précieux du tout."

Henry Gramont passait. Il saisit les mots et s'arrêta, son regard posé un instant sur le groupe. Un léger sourire reposait sur ses traits plutôt durs.

"Je viens de trouver ça", annonça-t-il en tendant un papier. "Il était épinglé à l'extérieur de la porte de la bibliothèque. Je suppose que votre défunt visiteur l'a laissé en souvenir ?"

Jachin Fell prit le journal, les autres hommes se pressant autour de lui.

" Ah ! Maillard ! La même écriture que celle de votre lettre ! "

Sur le papier était tracé au crayon une seule ligne précipitée :

Mes compliments à Robert Maillard — et mes
remerciements.

Bob Maillard bondit en avant et inspecta le journal avec colère. Lorsqu'il y renonça, Fell le réclama calmement.

"Confondre le voyou !" murmura le fils du banquier en se détournant. Ses traits étaient pâles, peut-être à cause de la colère. "Il n'y avait que des certificats d'actions dans cette enveloppe, et ils peuvent être réémis."

Les festivités n'ont pas été interrompues. On ne pouvait guère en dire autant de l'hôte, qui ressentait profondément les coups de fouet verbaux qui lui avaient été infligés devant ses amis. La nouvelle du vol s'est progressivement répandue parmi les invités ; le verdict généralement accepté était que le Masquer était apparu, seulement pour avoir été effrayé avant de pouvoir récupérer un quelconque butin.

Il était près de deux heures du matin lorsque Jachin Fell, qui partait, rencontra Henry Gramont au sommet du large escalier. Il s'arrêta et se tourna vers le plus jeune homme.

"Ah... as-tu un crayon, s'il te plaît ?"

"Je le pense, M. Fell." Gramont fouilla sous sa robe franciscaine et tendit un crayon.

Jachin Fell l'examina, sortit un papier de dessous son domino et écrivit un mot. Le papier était celui sur lequel le message d'adieu du Masque de Minuit avait été écrit.

"Une piste difficile, un point très difficile en effet !" dit Fell. Il remit le papier dans sa poche et regarda Gramont fixement tandis qu'il rendait le crayon. "Peu d'hommes portent un crayon aussi dur, monsieur."

"Vous avez bien raison", et Gramont sourit. "Je l'ai emprunté à Bob Maillard il y a quelques instants. Sa dureté m'a surpris."

"Oh !" » dit doucement Jachin Fell. " A propos, n'êtes-vous pas le prince de Gramont ? Lorsque nous nous sommes rencontrés ce soir, vous avez été présenté comme étant simplement M. Gramont , mais il me semble que j'avais entendu quelque chose... "

"C'est une sacrée erreur, M. Fell. Je ne suis pas un prince; simplement Henry Gramont , et rien de plus. Aussi, un citoyen américain. Certains de ces habitants de la Nouvelle-Orléans ne peuvent malheureusement pas oublier l'affaire du prince."

"Ah, oui", acquiesça timidement Fell. "Savez-vous, une chose des plus curieuses——"

"Oui ?" » dit Gramont , les yeux fixés sur le petit homme gris.

"Ce papier que vous nous avez apporté, le papier que vous avez trouvé épinglé sur la porte de la bibliothèque", dit Fell en s'excusant. "Savez-vous,

M. Gramont , que curieusement, il n'y avait pas de trous d'épingle dans ce papier ?"

Gramont sourit faiblement, comme si cette remarque l'amusait intérieurement.

"Pas du tout curieux", dit-il d'une voix basse. " Il était assez solidement épinglé : j'ai arraché la partie portant le message. Je parie que vous trouverez toujours le bout du papier sur la porte en bas. Vous pourriez vous assurer que son bord déchiré correspond à celui du papier dans votre poche ; si ce n'était pas le cas, alors le fait *serait* curieux ! Je suis très heureux de vous avoir rencontré, M. Fell. J'espère que nous nous reverrons souvent.

Avec un sourire, il tendit la main que M. Fell serra cordialement.

Alors que Jachin Fell descendait le large escalier, son visage était rouge – assez rouge. On eût dit qu'il venait d'être battu lors d'une rencontre et que le sentiment de défaite le rongeait encore.

En arrivant dans le hall inférieur, il jeta un coup d'œil à la porte de la bibliothèque. Là, toujours épinglé au bois, là où les passants ne l'avaient pas remarqué , se trouvait un petit bout de papier. M. Fell y jeta un nouveau coup d'œil, puis secoua la tête et se détourna lentement, comme pour résister à la tentation.

"Non," marmonna-t-il. "Non. Il rentrerait sûrement dans ma poche. Il rentrerait certainement, confondant !"

Un peu plus tard, il quitta la maison et longea la file de voitures qui attendaient, garées dans l'allée et dans la rue. Il s'arrêta devant l'une des voitures et l'examina attentivement. Le chauffeur endormi descendit et toucha sa casquette en un salut militaire ; c'était un jeune homme robuste, au visage très carré et brutal.

"Une très belle voiture. Puis-je demander à qui elle appartient ?" » demanda doucement Fell.

"M. Gramont , monsieur", répondit le chauffeur.

" Ah, merci. Une très belle voiture en effet. Bonne nuit ! "

M. Fell s'éloigna, marchant d'un pas vif dans l'avenue. Lorsqu'il s'approcha du premier réverbère, il fit une pause et commença à se caresser doucement comme s'il cherchait quelque chose.

"Je t'avais dit que tu paierais pour en savoir trop sur moi, jeune homme !" dit-il doucement. "Qu'est-ce que c'est, maintenant, qu'est-ce que c'est ?"

Un léger bruissement de papier, au fur et à mesure qu'il marchait, avait attiré son attention. Il passa ses mains sur le domino lâche et ouvert qui l'enveloppait ; il détecta un morceau de papier épinglé à l'arrière. Il détacha le papier et, sous le réverbère, parvint à déchiffrer l'écriture qu'il portait.

Un léger sourire apparut sur ses lèvres alors qu'il lisait les mots écrits au crayon :

Je ne t'aime pas, Jachin Fell, la raison pour laquelle je ne peux pas le dire ; Mais ça, je le sais, et je le sais très bien, je ne t'aime pas, Jachin Fell !

« Certainement , cet homme a de l'esprit, sinon de l'originalité », marmonna M. Fell en rangeant soigneusement le journal. L'écriture dessus était entre les mains du Midnight Masquer.

# CHAPITRE IV

## *Appelants*

LA maison où vivait Lucie Lédanois avait été celle de sa mère ; les meubles et autres objets qui s'y trouvaient appartenaient à sa mère ; les deux domestiques noirs, qui ne parlaient que le patois français créole, appartenaient à sa mère. C'était une petite maison, mais très belle à l'intérieur. L'extérieur trahissait un manque de peinture ou d'argent pour faire peindre.

La famille Lédanois , bien que lointainement liée à d'autres comme les Maillard , avait donné naissance à son dernier bourgeon chez la fille Lucie. Sa mère était décédée alors qu'elle était encore bébé et, au fil des années, elle avait accompagné son père, invalide dans les derniers jours. Il n'avait jamais été homme à compter les dollars ou les dépenses et, dans une large mesure, il s'était épuisé ainsi que la fortune familiale dans une vaine recherche de la santé.

Avec Lucie, il était en Europe au début de la guerre et était revenu en Amérique pour y mourir peu de temps après. Une fois privée de sa belle insouciance, la jeune fille avait trouvé ses affaires dans un mauvais état. Sous la tutelle de Maillard, l'enchevêtrement avait été quelque peu résolu et simplifié, mais même Maillard semblait avoir commis des erreurs, et récemment Lucie avait, contre son gré, soupçonné que quelque chose n'allait pas dans ces erreurs.

Il était donc naturel qu'elle fasse confiance à Jachin Fell. Maillard avait été son tuteur, mais c'était à Fell qu'elle était toujours venue avec ses soucis et ses ennuis d'enfant, même du vivant de son père. Elle avait connu Fell toute sa vie ; elle l'avait rencontré dans des endroits étranges, tant au pays qu'à l'étranger. Elle soupçonnait avec raison que Jachin Fell avait aimé sa mère, et ce seul fait existait entre eux, jamais mentionné mais toujours présent, comme un lien de foi et de gentillesse.

A trois heures précises du dimanche après-midi, Jachin Fell sonna à la porte et Lucie elle-même l'introduisit. Elle l'introduisit dans le salon reposant avec ses cuivres silencieux et son vieux palissandre.

"Dis-moi vite, Oncle Jachin !" s'exclama la jeune fille avec empressement. "Avez-vous réellement vu le Masque de Minuit la nuit dernière ? Je n'ai su qu'après coup qu'il était vraiment en bas et qu'il avait volé——"

"Je l'ai vu, ma chérie", et le petit homme gris sourit. Il y avait plus de chaleur dans son sourire que d'habitude à l'instant. Peut-être était-ce le reflet de la vitalité ardente qui brillait tant dans les yeux de Lucie. "Je l'ai vu, oui."

Son visage était reposant – pas beau à première vue ; un peu trop fort pour la beauté dirait-on. Les yeux d'un gris profond étaient calmes et bien écartés, et dans la plupart des cas étaient assez impénétrables. Ils étaient maintenant remplis d'un vif empressement alors qu'ils se reposaient sur Jachin Fell. Lucie l'appelait oncle, mais pas comme elle appelait Joseph Maillard oncle ; il n'y avait ici aucune relation, aucune affectation formelle de relation, mais une confiance et une amitié purement durables.

Jachin Fell avait fait plus pour Lucie qu'elle-même ne le pensait ou ne le pensait ; à son insu, il s'était occupé discrètement de ses finances dans une mesure appréciable. Il y avait entre eux une affection bien réelle. Lucie, mieux que quiconque, connaissait les capacités extraordinaires de ce petit homme gris ; pourtant, même Lucie ne devinait pas un dixième du caractère qui se cachait sous sa surface. Pour elle, il n'a jamais été réservé ou secret. Néanmoins, elle touchait parfois un mur impénétrable qui semblait toujours présent en lui.

"Tu l'as vu?" répéta vivement la jeune fille. "Comment était-il ? Savez-vous qui il est ?"

" Certainement , je sais, " répondit Fell, lui souriant toujours.

"Oh ! Alors qui est-il ?"

" Doucement, doucement, jeune dame ! Je le connais, mais même à vous, je n'ose prononcer son nom avant d'avoir obtenu une preuve directe. Appelons-le M. X., selon les méthodes approuvées du romantisme, et j'exposerai ce que Je sais."

Il fouilla dans la poche de sa veste. Lucie se leva d'un bond, apportant un support fumant du coin de la pièce à sa chaise. Elle tendit une allumette à son El Rey, puis se blottit sur un lit Napoléon et l'observa attentivement pendant qu'il parlait.

"Le bandit n'est pas entré dans la maison pendant la soirée, il n'en est pas sorti et n'a pas été retrouvé dans la maison par la suite", a-t-il déclaré d'une voix neutre. "Ainsi, aussi incroyable que cela puisse paraître, il était l'un des invités. Ce M. X. est venu au bal portant le costume d'aviateur, ou la majeure partie, sous son costume de mascarade. Lorsqu'il était prêt à jouer, il a enlevé son son costume extérieur, apparut sous le nom de Midnight Masquer, accomplit son objectif, puis revêtit calmement son costume extérieur et reprit sa place parmi les invités.

"Eh bien ! Maillard a reçu hier un mot du Masquer, annonçant effrontément qu'il avait l'intention de passer chez nous dans la soirée. J'ai ce mot. Il a été écrit avec un crayon à mine extrêmement dure, comme peu d'hommes en portent, parce qu'il ne faire facilement une écriture très lisible.

Hier soir, j'ai demandé un crayon à M. X., et il m'en a sorti un avec une mine extra dure, en mentionnant qu'il l'avait emprunté à Bob Maillard, comme il l'avait d'ailleurs fait.

"Quoi ! Sûrement, tu ne veux pas dire..."

" Bien sûr que non. Monsieur X. est très malin, c'est tout. Voici ce qui s'est passé hier soir. Monsieur X. nous a apporté un autre mot du Masquer, disant qu'il l'avait trouvé épinglé sur la porte de la bibliothèque. . En fait , il l'avait écrit sur une feuille arrachée de son cahier. Je lui ai pris la note, constatant à l'époque que le papier n'avait pas de trous d'épingle. Probablement, M. X. a vu qu'il y avait quelque chose qui n'allait pas. ; il redescendit aussitôt, prit le reste de la feuille déchirée de son cahier et l'épingla sur la porte. Un peu plus tard, je le rencontrai et lui mentionnai l'absence de trous d'épingle ; il me renvoya calmement à la pièce sur la porte. , disant qu'il avait simplement arraché le billet sans enlever les épingles. Vous me suivez ?

"Bien sûr," murmura la jeune fille, les yeux écarquillés d'intérêt fasciné. "Et il savait que tu devinais qu'il était le Masquer ?"

"Il m'a soupçonné, je pense", dit doucement Fell. "Il est entendu que vous ne partirez pas à la recherche de ces petits indices ? Je ne souhaite pas dévoiler son identité, même à votre très discret cerveau———"

"Ne sois pas bête, Oncle Jachin !" interrompit-elle. "Vous savez que je ne ferai rien de tel. Allez, s'il vous plaît ! Avez-vous trouvé l'avion ?"

"Oui." Jachin Fell sourit sèchement. "J'y pensais en quittant la maison et en arrivant dans la file d'automobiles qui attendaient. Un mot avec l'un des détectives extérieurs m'a montré qu'une des voitures dans la rue était en train de tester son moteur vers minuit. J'ai découvert que le la voiture appartenait à M. X.

" Comme c'est simple, Lucie, et comme c'est très astucieux ! Le chauffeur faisait fonctionner un moteur puissant avec un silencieux coupé à peu près au moment où M. X., à l'intérieur de la maison, faisait son apparition. Cela ne ressemblait guère à un moteur d'avion, mais effrayé et surpris, les gens croiraient que c'est le cas. C'est ainsi qu'est née la légende selon laquelle le Masque de Minuit serait venu et repartirait au moyen d'un avion - une théorie ingénieusement aidée par son costume. Eh bien, c'est tout ce que je sais ou soupçonne, ma chère Lucie ! Et maintenant... —"

" Maintenant, je suppose, " dit la jeune fille pensivement, " vous allez mettre votre affreux créole sur la trace de Monsieur X. ? Ben Chacherre est un bon chauffeur, et il est assez amusant, mais c'est un limier ! " ne vous étonnez pas qu'il ait été un criminel. Même si vous l'avez sauvé d'une vie de crime, vous n'avez pas amélioré son apparence.

"Exactement, Ben est au travail", acquiesça Jachin Fell. "Le monsieur suspecté est très important. L'accuser sans preuve serait une pure folie. L' attraper *en flagrant délit* sera difficile. Je ne suis donc pas pressé. Il ne disparaîtra pas, croyez-moi, et quelque chose peut surgir à tout moment pour le détruire. En outre, je ne peux encore découvrir aucun mobile à ses crimes, puisqu'il est assez aisé financièrement.

"Je joue", suggéra la jeune fille.

"Je ne trouve pas qu'il ait perdu des sommes considérables. Eh bien, peu importe ! Maintenant que je me suis pleinement libéré , ma chère, c'est votre tour."

"Très bien, oncle Jachin ." Lucie prit sur la chaise à côté d'elle une grande trousse de maroquin et la tendit. "Tu m'as prêté ces choses à porter hier soir, et je———"

"Non, non", intervint Fell. "Je te les ai donnés, ma chère... en fait, je te les ai achetés il y a deux ans et je les ai gardés jusqu'à présent ! Tu les as portés, ils sont à toi, et tu les deviens meilleurs que ne l'a même fait la pauvre reine Hortense ! Alors n'en dis pas plus. J'espère que Mme Maillard était juste et envieuse ?

— Elle était désagréable, dit Lucie. Elle se pencha en avant et déposa un baiser sur la joue du petit homme gris. " Voilà ! c'est tout ce que je peux vous remercier, cher oncle ; ce cadeau me fait très plaisir, et je ne prétendrai pas le contraire. Seulement, j'ai l'impression que je n'ai pas le droit de les porter, ils sont si beaux. !"

"C'est absurde ! Tu peux faire tout ce que tu veux, comme Eliza l'a dit en traversant la glace. Mais ce n'est pas pour ça que tu m'as convoqué ici, espèce de paquet de mystère ! Qu'est-ce qui t'a dérangé la nuit dernière, ou plutôt qui ?"

Lucie rit. "Il y avait un franciscain qui essayait d'être très mystérieux et de lire dans mes pensées. Il parlait de pétrole, d'un homme avide et dur, et il te mentionnait comme mon ami. Puis il m'a mis en garde contre une proposition que Bob pourrait faire; et Effectivement, Bob a proposé d'acheter le terrain qui me restait sur le Bayou Terrebonne, disant qu'il persuaderait sa compagnie pétrolière qu'il y avait du pétrole dessus et qu'elle l'achèterait ou le louerait. Je lui ai dit non. , par la suite, s'est avéré être Henry Gramont ; je me demandais si vous aviez mentionné... "

"Dieu nous en garde !" s'écria pieusement M. Fell. "Je n'ai jamais rencontré Gramont jusqu'à hier soir ! Est-ce que tu l'aimes bien ?"

"Beaucoup." Les yeux de la jeune fille rencontrèrent franchement les siens. "Est-ce que tu?"

"Beaucoup", a déclaré Jachin Fell.

Les yeux gris de Lucie se plissèrent et scrutèrent son visage. "Je suis presque capable de dire quand tu mens", observa-t-elle calmement. " Tu as dit ça un peu trop vite, oncle Jachin . Pourquoi ne l'aimes-tu pas ? "

Fell rit, amusé. "Peut-être ai-je un préjugé contre les nobles étrangers, Lucie. Notre propre aristocratie est déjà assez mauvaise, mais———"

"Il a laissé tomber tout ça. Il n'a jamais été français que de nom."

"Vous parlez comme si vous le connaissiez depuis un certain temps. Avez-vous eu des secrets pour moi ?"

"J'ai!" Le rire se dessina sur le visage de la jeune fille. "Pendant des années et des années ! Quand j'étais à New York avec mon père, avant la guerre, nous l'avons rencontré ; il était en visite à Newport avec des amis d'université. Ensuite, tu sais que père et moi étions en France quand la guerre a éclaté, père " Était malade et presque impuissant à ce moment-là, vous vous en souvenez. Gramont est venu à Paris pour servir dans son régiment et nous y a rencontrés. Il nous a aidés à nous enfuir, nous a procuré de l'argent réel, nous a permis de passer à New York. Il connaît beaucoup de choses. nos amis, et je lui ai toujours été profondément reconnaissant pour son aide.

"Nous avons correspondu assez fréquemment pendant la guerre", poursuit-elle. " Je l'ai mentionné plusieurs fois après notre retour de France, mais vous n'avez probablement pas remarqué son nom. C'est seulement depuis son arrivée à la Nouvelle-Orléans que je vous ai vraiment caché des secrets ; cette fois, je voulais savoir si vous aimiez lui."

Jachin Fell hocha lentement la tête. Son visage était tout à fait innocent.

"Oui, oui", dit-il. "Oui, bien sûr. Il est géologue ou ingénieur, je pense ?"

" Les deux, et c'est une bonne chose. Il est actionnaire de la compagnie pétrolière de Bob Maillard, et je pense qu'il est venu ici pour rester. Eh bien, à propos d'hier soir, il a probablement deviné certaines de mes affaires privées ; j'ai écrit ou parlé assez franchement. , peut-être. De plus, Bob lui a peut-être bavardé. Bob boit toujours – la prohibition ne *l' a pas frappé* très durement !

"Non", acquiesça gravement Fell. "Malheureusement non. Lucie, j'ai découvert un fait des plus importants. Joseph Maillard ne possédait aucune action de la Bayou Oil Company au moment où il leur a vendu votre terrain, et il n'avait aucun intérêt dans l'immobilier. qui a acheté vos marécages de

Saint-Landry et en a fait fortune. Nous lui avons vraiment reproché le plus injustement.

Pendant un instant, il y eut un silence entre eux.

"Nous n'avons pas besoin de mâcher nos mots", poursuivit lentement Fell. "Maillard n'a ni scrupules ni compassion; je suis quand même forcé de croire qu'il a entretenu honnêtement votre intérêt, et que ses erreurs n'étaient que des erreurs. Je ne crois pas qu'il ait profité le moins du monde de vous. Deux de petites fortunes vous ont été arrachées lorsqu'il a vendu ces terres ; pourtant elles n'avaient aucune valeur et il avait de bonnes offres pour elles. Ses investissements dans les sociétés concernées ont été faits par la suite, et je suis certain qu'il a vendu les terres innocemment.

Lucie inspira profondément.

"Je suis heureuse que vous ayez dit cela," répondit-elle simplement. "Cela m'a été difficile de penser que l'oncle Joseph avait profité de moi ; je n'arrivais tout simplement pas à le croire. Je pense qu'il m'aime honnêtement, dans la mesure où il se permet d'aimer quelqu'un ."

"Il ne vous prêterait pas d'argent", a déclaré Fell. "L'amitié n'est pas une sécurité tangible chez lui. Et une fille n'est jamais en sécurité, comme l'a dit Eliza lorsqu'elle a traversé la glace."

"Eh bien, à qui a réellement profité ma perte ? Quelqu'un ?"

Les yeux gris pâle de Fell pétillèrent, puis s'éclairèrent dans leur innocence habituellement grande.

"Ma chère Lucie, y a-t-il une personne au monde dont Joseph Maillard est délibérément aveugle aux défauts, une personne à l'influence de laquelle il est toujours ouvert, une personne à qui il ne refuserait rien, à qui il pardonnerait tout, à qui il je ne croirais jamais à aucun mauvais rapport ? »

"Tu veux dire———" Lucie inspira rapidement, "Bob ?"

"Oui, je veux dire Bob. Qu'il ait profité de votre perte, je ne suis pas encore en mesure de le dire; mais je le soupçonne. Il a la cupidité de son père sans que le sens de l' honneur de son père le retienne. Quand j'en aurai fini avec le Masquer, je vais suivre sa trace."

Jachin Fell se leva. "Maintenant, je dois m'en aller, ma chère. À propos, si j'ai besoin de vous pour descendre le Masquer, puis-je faire appel à vos services ?"

"Certainement ! J'adorerais aider, Oncle Jachin ! Nous serions de vrais détectives ?"

"Presque." Jachin Fell sourit légèrement. " Veux-tu dîner avec nous demain soir, Lucie ? Ma mère m'a ordonné de t'amener le plus tôt possible... "

"Oh, ta mère !" s'exclama la jeune fille avec contrition. "J'étais tellement absorbé par le Masquer que j'ai oublié de demander après elle. Comment va-t-elle ?"

"Tout à fait comme d'habitude, merci. Je présume que vous viendrez au Comus avec les Maillard ?"

"Oui. Je viendrai demain soir avec plaisir, oncle Jachin ."

— Et on verra après le bal du Protée, si tu veux. Je t'enverrai Ben Chacherre avec la voiture, si tu n'as pas peur de lui.

Lucie regarda gravement les yeux souriants de Fell.

"Je n'ai pas vraiment peur de lui", répondit-elle sobrement, "mais il y a quelque chose chez lui que je ne peux pas aimer. Je suis désolée que vous essayiez de le régénérer, d'une certaine manière."

Fell haussa légèrement les épaules. "Toute vie est un effort, petit ! Eh bien, au revoir."

Jachin Fell a quitté la maison à trois heures quarante. Vingt minutes plus tard, la cloche sonna à nouveau. Lucie envoya un des domestiques faire admettre Henry Gramont ; elle le fit attendre quinze bonnes minutes avant de paraître, puis elle ne s'excusa pas du tout du retard.

Non que Gramont se soucie d'attendre ; il considérait que c'était un privilège de s'attarder dans cette maison ! Il adorait étudier les lieux, si représentatifs de son propriétaire. Il aimait le manteau colonial blanc qui entourait la cheminée, perpétuellement allumée, avec ses reflets de vieux cuivres, et le feu étincelant placé sur le côté. L'air même du lieu, l'atmosphère qu'il respirait, lui étaient doux.

Le lit Napoléon qui remplissait le bow-window, avec ses oreillers et ses revêtements moelleux ; le meuble en noyer marqueté fabriqué par Sheraton, avec ses verres curieusement incurvés qui reflétaient les bibelots d'antan à l'intérieur ; les tables inclinables, les chaises en palissandre, les tapis, achetés avant que le marché des tapis orientaux ne soit inondé de nœuds Senna fabriqués à la machine – tout ici avait un air de confort, de longue utilisation, de repos. Ce n'était pas le genre d'endroit construit, pièce brute par pièce brute, par les mains frénétiques des décorateurs. C'était le genre d'endroit que les décorateurs s'efforcent désespérément d'imiter, mais ne le peuvent pas.

Lorsque Lucie parut, Gramont se pencha sur sa main et lui parla en français.

"Tu es charmant comme toujours, Shining One ! Et dans les années à venir, tu seras encore plus charmant. C'est la beauté d'avoir un nom tiré directement des classiques et offert comme un cadeau d'une bonne fée———"

— Merci, monsieur... mais vous avez traduit mon nom au moins vingt fois, et je suis fatiguée de l'entendre, répondit Lucie en riant.

"Mauvais goût, mademoiselle, de se lasser d'une telle beauté !"

"Non pas du nom, mais de votre exégèse. Pourquoi ne serais-je pas mécontent ? Hier soir, vous avez été franchement grossier, et maintenant vous dénoncez mon goût ! Avez-vous laissé toutes vos manières en France, monsieur le prince ?"

"Certains d'entre eux, oui, et tous ces trucs de prince avec eux." Souriant tout en parlant anglais, Gramont jeta un coup d'œil autour de la pièce et ses yeux s'adoucirent.

"C'est une maison charmante et adorable, Lucie!" s'écria-t-il gravement. " Si peu de maisons sont dignes de ce nom ; si peu ont en elles un air intime d'usage et de convivialité ; pourquoi tant de maisons sont -elles meublées à prix cassés ? Cet endroit est touché de repos et de douceur ; venir s'asseoir ici est un privilège. Il c'est comme être dans un autre monde, après toutes les luttes pour l'argent et la folie du dollar de la ville. »

"Oh!" Le regard de la jeune fille le scruta avec curiosité. "J'espère que vous n'allez pas prendre la belle pose artistique selon laquelle gagner de l'argent est un crime ?"

Gramont éclata de rire.

"Pas grand-chose ! Je veux gagner de l'argent moi-même ; c'est une des raisons pour lesquelles je suis à la Nouvelle-Orléans. Pourtant, vous ne pouvez pas nier qu'il y a un engouement pour l'éternelle quête du dollar. Je ne peux pas faire en sorte que le dollar signe le gros problème dans la vie, Lucie. Tu ne pourrais pas non plus.

Elle fronça un peu les sourcils.

"Vous semblez avoir l'idée européenne selon laquelle tous les Américains sont des chasseurs de dollars !"

Il haussa légèrement les épaules. Son visage aux rides dures était très fort ; on sentait que sa dureté venait de l'extérieur : de la faim, des épreuves et des privations, des souffrances fortement supportées. Il n'était pas sorti indemne de la guerre, ce jeune homme qui avait balancé un « de » princier pour devenir tout simplement Henry Gramont , citoyen américain.

« Dans un sens, oui ; pourquoi pas ? il a répondu. "Je suis Américain. Je suis un chasseur de dollars et je n'en ai pas honte. Je me lance en affaires ici. Une fois que ce sera un succès, je continuerai ; je verrai l'Amérique, je connaîtrai tout ce pays d'Amérique. le mien, tout ça ! Je suis à la Nouvelle-Orléans depuis un mois — savez-vous, une chose étrange m'est arrivée quelques jours seulement après mon arrivée ici !

Du regard, elle le pressait, et il reprit gravement :

" En France, j'ai rencontré un homme, un sergent américain nommé Hammond. C'était juste à la fin des choses. Nous avions des lits mitoyens à Nice... "

"Ah!" s'exclama-t-elle rapidement. "Je me souviens, vous avez écrit sur lui, l'homme qui avait été blessé aux deux jambes ! Est-ce qu'il s'est rétabli ? Vous ne l'avez jamais dit."

"Je ne l'ai jamais su avant de venir ici", répondit Gramont . « Une nuit, peu de temps après que je m'étais installé dans ma pension de la rue Burgundy, un homme a tenté de me voler. C'était ce même homme, Hammond ; nous nous sommes reconnus presque aussitôt.

"Je l'ai ramené chez moi et j'ai appris son histoire. Il était revenu en Amérique pour trouver sa femme morte de la grippe, sa maison brisée, son avenir détruit. Il a dérivé vers la Nouvelle-Orléans, insouciant de ce qui lui était arrivé. Il " s'est jeté désespérément dans une carrière de cambriolage et de pillage. Eh bien, j'ai donné un emploi à Hammond ; il est mon chauffeur. Vous ne le reconnaîtriez plus jamais comme le même homme maintenant ! Je suis très fier de son amitié. "

"C'est bien dit." Lucie hocha rapidement la tête. — Je ne vous appellerai plus M. Le prince, à moins que vous ne commettiez encore une infraction.

Il sourit en lisant sa pensée. "J'essaie de ne pas être snob, hein ? Eh bien, là où je veux en venir, c'est ceci : je veux connaître mon pays, le voir avec des yeux clairs et sans préjugés. Nous cachons nos vraies hontes et exaltons nos fausses. " Pourquoi devrions-nous avoir honte de courir après le dollar ? Tant que c'est un moyen d'atteindre la fin du bonheur, tout va bien. Mais il y a des hommes qui y voient une fin en soi, qui ne peuvent fixer de *fin* à leur travail que le dollar tombant dans leur bourse. Un tel homme est votre parent, Joseph Maillard, je le dis sans offense.

Lucie hocha la tête, réalisant qu'il s'enfonçait dans quelque chose de plus profond, et garda le silence.

"Tu te rends compte du fait, hein ?" Gramont sourit faiblement. "Je ne veux pas vous offenser, et je m'abstiendrai donc de dire tout ce que j'ai en tête. Mais vous n'avez pas hésité à laisser entendre très franchement que vous n'êtes pas riche. Il y a quelque temps, si vous vous en souvenez, vous m'avez écrit comment vous aviez manqué de richesse en vendant une terre. J'ai pris la liberté de vérifier un peu cette affaire, et j'ai soupçonné que votre oncle avait un certain intérêt à conclure la vente... "

Les yeux gris de la jeune fille brillèrent soudainement.

"Henry Gramont ! Mes affaires de famille doivent-elles être un livre ouvert sur le monde ?" Une légère rougeur, peut-être de colère, peut-être d'une autre émotion, monta aux joues de la jeune fille. « Réalisez-vous que vous vous immiscez de manière injustifiée dans mes affaires privées ?

"Injustifiable?" Les yeux de Gramont maintinrent son regard fixe. "Voulez-vous vraiment utiliser ce mot ?"

"Oui, certainement!" répondit Lucie avec entrain. « Je ne pense pas que vous réalisiez exactement vers quoi tout cela tend... »

"Oh, oui, je le fais ! Très clairement." Le ton calme et posé de Gramont triompha de son indignation. « Je vois que vous êtes orphelin et que votre oncle était votre tuteur et qu'il a exécuté des affaires douteuses qui vous ont fait perdre de l'argent. Allons, c'est brutalement franc, mais c'est vrai ! Nous sommes des amis de longue date ; pas des amis intimes, peut-être, et pourtant je pense que c'est de très bons amis. Je n'ai certainement pas honte de dire que lorsque j'ai eu l'occasion de veiller à vos intérêts , j'ai été très heureux de cette opportunité.

Gramont fit une pause, mais elle ne parla pas. Il continua après un moment :

" Vous m'aviez fait part, peut-être sans le vouloir, de la situation. Je suis venu ici à la Nouvelle-Orléans et j'ai eu des relations avec votre cousin, Bob Maillard. Je croyais, et je crois maintenant, que dans votre cœur " Vous avez des soupçons à l'égard de votre oncle au sujet de ces transactions foncières. J'ai donc pris la peine d'examiner la chose un peu. Dois-je vous dire ce que j'ai découvert ? "

Lucie Lédanois le regardait , les lèvres serrées. Elle aimait cette manière nouvelle, cette gravité ferme et résolue, cette dureté. Cela fait très bien ressortir son personnage sous-jacent.

"S'il vous plaît, Henry," murmura-t-elle très doucement. « Puisque vous vous êtes lancé dans mes affaires privées, je pense que je devrais au moins en tirer le meilleur parti possible ! »

"Exactement. Pourquoi pas ?" Il fit un grave geste d'assentiment. "Eh bien, j'ai découvert que votre oncle semble être honnêtement en faute dans cette affaire..."

"Merci pour cette approbation de ma famille", murmura-t-elle.

— Et, continua imperturbablement Gramont , que vos soupçons à son égard étaient sans fondement. Mais, d'un autre côté, il s'est produit quelque chose de nouveau dont je veux parler, mais dont je dois parler avec délicatesse.

"Soyez franc, mon cher Henry, même brutal ! Parlez, par tous les moyens."

"Très bien. Bob Maillard vous a-t-il proposé d'acheter votre terrain restant sur le Bayou Terrebonne ?"

Elle sursauta légèrement. C'est donc à cela qu'il avait mené tout ce temps !

"Il a abordé le sujet hier soir", répondit-elle. "Je l'ai écarté pour le moment."

"Bien!" s'exclama-t-il avec une vigueur enfantine . "Bien ! Je vous ai donc prévenu à temps ! Si vous me le permettez, je dois vous conseiller de ne pas vous séparer de ce terrain, même pas pour une bonne offre. Cette semaine, dès la fin du Mardi Gras, je vais inspecter ce terrain. un terrain pour l'entreprise, c'est l'entreprise de Bob Maillard, vous savez.

"S'il y a une chance de trouver du pétrole là-bas, je vous verrai d'abord, puis j'en informerai la société. Vous pouvez conserver votre juste part des droits miniers, au lieu de vendre le tout. Vous l'aurez ! Les propriétaires fonciers du coin ne sont pas encore au courant du jeu pétrolier, mais ils l'apprendront bientôt. »

« Vous trahiriez vos associés pour m'aider ? » demanda-t-elle, curieuse d'entendre sa réponse. Une lente rougeur monta sur ses joues.

"Certainement pas ! Mais je ne te trahirais pas pour aider mes amis d'affaires. Mon intrusion injustifiée est-elle pardonnée ?"

Elle hocha vivement la tête. « Vous êtes mis en probation, monsieur. Vous êtes en compagnie de Bob ?

"Oui." Gramont fronça les sourcils. — J'ai investi peut-être trop vite... mais peu importe maintenant. J'ai la voiture dehors, Lucie, puis-je avoir le plaisir de vous emmener conduire ?

"Avez-vous amené ce chauffeur ?"

"Oui," et il rit de son empressement.

"Bien ! J'accepte... parce que je dois voir ce fameux soldat-bandit-chauffeur. Si tu veux bien attendre, je serai prêt dans une minute."

Elle sortit précipitamment de la pièce, un morceau de chanson aux lèvres. Gramont sourit en attendant.

# CHAPITRE V

### *Le Masquer démasque*

À LA NOUVELLE-ORLÉANS, on peut trouver des pensions dans le vieux quartier, celui qui vibre encore au rythme de la vie d'antan. Ces pensions ne font pas de publicité. Le touriste moyen n'en sait rien. Même s'il le savait, en effet, il pourrait avoir quelques difficultés à obtenir un logement, car ce n'est pas suffisant pour avoir de l'argent ; il faut aussi avoir les présentations, être bien recommandé et être sous la langue de bonne réputation.

Gramont avait obtenu un petit appartement *en pension* , une maison tranquille et sévèrement retirée de la rue Burgundy, entretenue par une vieille dame très fière dont les ancêtres étaient venus du Canada avec le sieur d'Iberville . Ici, Gramont vivait avec Hammond, sur un pied d'égalité, et ils étaient très à l'aise.

Les deux hommes étaient assis, fumant leur pipe devant la cheminée, dans laquelle allumait un petit feu, plus par bonne humeur que par nécessité. C'était dimanche soir. Entre Gramont et Hammond avait eu lieu une discussion concernant leurs relations – discussion qui était peut-être justifiée par l'énoncé chimérique de la loi de Gramont .

"C'est très bien, Hammond", pensa-t-il, "de suivre la coutume et les précédents, de présenter au monde une façade qui ne choquera pas ses convenances, son sens de la tradition et de sa forme physique. Aux yeux du monde, vous êtes mon chauffeur. Mais quand nous sommes seuls ensemble, c'est absurde ! »

"Tout va bien, capitaine ", dit Hammond astucieusement. Pour lui, Gramont était toujours « cap'n » et rien d'autre. "Mais tu sais aussi bien que moi que ça ne peut pas durer éternellement. Je travaille pour toi, et c'est l'ampleur du problème. Je n'ai pas l'éducation pour me comparer à toi. Je ne veux pas pour que tu aies l'impression que je compte profiter de toi——"

"Bosh! Je suppose qu'un jour je serai riche, marié et lié aux chaînes des usages et des coutumes sociales", a déclaré Gramont avec énergie. "Mais ce jour n'est pas encore arrivé. Si vous pensez que j'accepterai la déférence et la servilité de la part de tout homme qui a enduré la même faim, le même froid et les mêmes blessures qu'en France, alors devinez encore ! Nous sommes amis dans une démocratie. des Américains. Vous êtes un homme aussi bon que moi, et vice versa. D'ailleurs, ne sommes-nous pas d'autres criminels ? »

Hammond sourit à cela. Il ne manquait pas d'intelligence astucieuse dans ses traits larges et puissants, couronnés par une bordure de cheveux roux.

"Toute cette ligne de taureau sonne bien, capitaine , mais c'est loin", répondit-il. "Le problème avec toi, c'est que tu n'as pas encore oublié la guerre."

"Je ne le ferai jamais", a déclaré Gramont , le visage s'assombrissant.

" Bien sûr que vous le ferez ! Nous le ferons tous. Et vous n'êtes pas non plus aussi habitué à ce pays que moi. J'en ai trop vu. Vous n'en avez pas assez vu. "

"J'en ai vu assez pour savoir que c'est mon pays."

"C'est vrai. Mais je ne suis pas un homme aussi bon que toi, loin de là !" » dit Hammond joyeusement. "Vous l'avez prouvé la nuit où vous m'avez surpris en train de passer par la fenêtre de la maison Lavergne. Vous m'avez léché sans même essayer , capitaine !

"De toute façon", poursuivit Hammond, "l'Amérique n'est pas une démocratie, à moins que vous ne vous présentiez au Congrès. Cela semble bien aux agriculteurs, mais attendez d'être ici assez longtemps pour sortir de vos belles idées ! Limousines et l'argent n'a pas beaucoup d'utilité pour la démocratie. Les hommes intelligents, comme vous, donneront toujours des ordres, je pense.

"Étalages!" répéta Gramont . "Il ne s'agit pas d'avoir un cerveau. Il s'agit de savoir quoi en faire. Tous les hommes naissent libres et égaux———"

"Pas beaucoup!" rétorqua l'autre avec conviction. "Tous les hommes sont nés libres, mais très peu sont nés égaux, capitaine . Ce genre de discours sonne bien dans les journaux, mais cela ne va pas très loin avec les gars d'en bas, ni d'en haut non plus ! "

Gramont contemplait le feu vacillant et aspirait sa pipe. Il se rendit compte que, dans un sens, Hammond avait tout à fait raison dans son argumentation ; néanmoins, il considérait l'autre homme comme un camarade, et il le ferait toujours. C'est vrai qu'il n'avait pas oublié la guerre. Soudain, il se réveilla et jeta un coup d'œil à Hammond.

"Sergent ! Vous semblez avoir un assez bon souvenir de cette nuit à la maison Lavergne, où je vous ai trouvé entrant et où je vous ai sauté dessus."

"Vous pariez que oui!" Hammond rit. "Quand tu m'as enlevé mes lunettes et que nous nous sommes reconnus, bon sang ! Je me sentais comme un nichon."

Gramont sourit. "Combien d'endroits avez-vous cambriolé jusqu'alors ? Trois, n'est-ce pas ?"

"Trois, c'est vrai, capitaine ", fut la réponse sans honte.

"Nous n'en avons pas souvent parlé, mais maintenant, des choses se sont produites." Le visage de Gramont prit une expression dure et déterminée. "Savez-vous que c'était une chance que vous n'ayez aucune chance de disposer des bijoux et de l'argent que vous avez obtenus ? Mais je suppose que vous n'appeliez pas cela de la chance à l'époque."

"Aucune chance?" renifla l'autre. "Aucune chance n'est bonne, capitaine ! Et j'avais mal aussi. Dis, ils avaient un réseau d'escrocs autour de cette ville dans lequel tu ne pouvais pas s'introduire avec des grenades ! Je n'ai pas pu le comprendre pendant un moment, mais seulement l'autre jour, j'ai eu la réponse. Écoutez ici, et je vais vous dire quelque chose de grand.

Hammond se pencha en avant, baissa la voix et tâta sa pipe.

"Quand j'étais jeune, je vivais dans une petite ville du Nord - je ne suis pas dire où. Mon père avait une écurie là-bas, tu vois ? Eh bien, une nuit, un gars est arrivé, il a sorti le vieil homme du lit et lui a donné quinze cents dollars pour un équipement et une équipe, vous voyez ? J'ai conduit le gars dix milles à travers les collines et je l'ai mis sur une route qu'il voulait trouver.

" Eh bien, ce type était le plus grand escroc du pays à l'époque – il l'est toujours, je suppose. Il était en fuite cette nuit-là, pour rester à l'écart de Leavenworth. Il est resté à l'écart, d'accord, et il s'est installé . dans le jeu jusqu'à présent. Personne ne l'a encore pincé et ne le fera jamais.

de Gramont s'était étrangement tendu tandis qu'il écoutait. Maintenant, il lança un seul mot :

"Pourquoi?"

" Parce que sa bande se tourne vers les politiciens et les riches de tout le pays. Demandez à n'importe qui à l'intérieur s'il a déjà entendu parler de Memphis Izzy Gumberts ! Eh bien, capitaine , j'ai vu ce type très identique dans la rue l'autre jour... Je n'ai jamais pu oublier sa vilaine gueule ! Et là où *il* est, aucun escroc extérieur ne peut entrer, croyez-moi !"

"Hm ! Memphis Izzy Gumberts , hein ? Quel genre d'escroc est-il, sergent ?"

"Le grand genre. Vous vous souvenez des loteries de Chicago ? Mais non, bien sûr. Eh bien, c'est son jeu : les loteries et autres."

de Gramont se crispèrent pendant une minute, puis il parla avec une lente précision :

"Sergent, j'aurais donné cinq cents dollars pour cette information il y a une semaine !"

"Pourquoi?" Hammond le regarda soudainement. Gramont secoua la tête.

"Peu importe. Oubliez ça ! Maintenant, votre coup était intelligent. Vous avez fait preuve d'intelligence lorsque vous vous êtes promu aviateur et avez tiré ce truc, sergent. Mais vous l'avez géré brutalement - terriblement brutalement."

"C'était un peu brut, je suppose", a concédé Hammond. "J'étais confronté à ça, c'est tout, je pensais qu'ils me pinceraient tôt ou tard, mais je m'en fichais, et c'est la vérité ! Je cherchais la pièce.

"Quand vous avez repris le costume et que vous avez commencé à vous faire connaître avec les trucs Raffles, eh bien, c'était une pipe pour vous, capitaine ! Regardez ce que nous avons fait en un mois. Six travaux, chacun s'est déroulé comme du verre. ! Votre idée d'aller à des fêtes habillée avec une sorte de robe ample par-dessus les fringues volantes était un cri ! Et puis moi, je faisais tourner ce moteur avec le coupe-circuit - tous ces oiseaux qui n'ont jamais entendu un avion pensent que vous allez et venez par avion , c'est sûr ! Je dirai que je ne comprends pas pourquoi vous faites cela ; quand même, vous les avez tous dupés, et je ne m'inquiète pas du tout pour les flics ou les escrocs, ni l'un ni l'autre. " Mais attention à la foule des Gumberts ! Ils sont susceptibles de nous montrer aux taureaux, simplement parce que nous ne sommes pas avec eux . Personne d'autre ne nous découvrira jamais. "

Gramont hocha la tête pensivement.

"Oui ? Mais, sergent, qu'en est-il du petit homme tranquille qui est venu hier soir chez les Maillard et qui m'a demandé des nouvelles de la voiture ? Peut-être avait-il découvert que vous faisiez tourner le moteur."

"Lui?" Hammond renifla avec mépris. "Ce n'était pas un connard."

" Eh bien, j'ai été suivi aujourd'hui ; du moins, je pense que je l'étais. Je ne pouvais repérer personne après moi, mais j'en étais certain. Et laissez-moi vous parler de ce même petit homme tranquille ! Il s'appelle Jachin Fell . ".

" Nom Heluva ", commenta Hammond en fronçant les sourcils. " Jachin , hein ? On dirait que j'ai déjà entendu ce nom. Ça sort de la Bible, n'est- ce pas ? Quelque chose à propos de Jachin et Boaz ? "

"Je l'imagine." Gramont sourit en répondant. " Fell est avocat, mais il ne pratique jamais le droit. Il est riche, c'est un très bon joueur d'échecs — et probablement l'homme le plus intelligent de la Nouvelle-Orléans, sergent. Ce qu'il fait, je ne le sais pas ; personne ne le sait. J'imagine que il fait partie de ces hommes discrets qui restent en retrait de la politique municipale et tirent les ficelles. Vous savez, une administration est au pouvoir ici depuis près de vingt ans – c'est quelque chose qui fait réfléchir un homme !

"Ce type Fell est vif, incroyablement vif !" continua Gramont , tandis que le chauffeur écoutait avec une attention renfrognée. "Il est tout à fait trop malin pour être un criminel - ou je soupçonnerais qu'il utilisait sa connaissance de la loi pour contourner la loi. Eh bien, je pense qu'il est sur moi et qu'il essaie de me mettre la marchandise. "

"Oh!" dit Hammond. "Et quelqu'un vous suivait ? Vous pensez qu'il a mis les taureaux au courant ?"

Gramont haussa les épaules. "Je ne sais pas . Il a failli m'attraper la nuit dernière. Nous devrons nous débarrasser de cette combinaison d'aviateur immédiatement, ainsi que du butin aussi. Je suppose que vous vous êtes réconcilié à rendre l'affaire ?"

Hammond remua avec inquiétude et posa sa pipe.

"Regardez ici, capitaine ", dit-il sérieusement. "Je ne dirigeais pas un hold-up parce que j'aimais ça, et je ne le faisais pas pour le plaisir, comme vous l'êtes. J'étais complètement fauché, je n'avais plus aucun espoir, et je l'ai fait. Je m'en fous de savoir si j'ai vécu ou si je suis mort, c'est sur les morts ! Là-bas, vous venez me chercher.

"Vous me donnez un travail. De plus, vous m'avez traité comme un blanc, capitaine . Je suppose que vous avez vu que j'étais juste un homme avec le diable à ses trousses, et vous avez chassé le diable. Vous m'avez donné quelque chose de décent pour lequel vivre - pour réparer parce que tu as eu une certaine confiance en moi ! Pourquoi, quand tu as commencé notre premier travail, tu sais que ça m'a brisé ? C'est vrai. Seulement, quand nous sommes rentrés à la maison cette nuit-là et tu as dit que c'était une blague, et que tu me renverrais le butin plus tard, alors j'ai commencé à me sentir mieux. Même si tu t'étais lancé dans ce métier comme une affaire régulière , j'aurais Je suis resté avec toi, mais j'étais sacrément content que ce soit « une blague ! »

Gramont hocha la tête, comprenant le sentiment de l'autre.

"Ce n'est pas vraiment une plaisanterie, sergent", dit-il gravement. " A vrai dire, j'ai commencé comme une plaisanterie, mais peu de temps après, j'ai appris quelque chose qui m'a poussé à continuer. J'ai continué jusqu'à ce que je puisse atteindre la maison Maillard. J'avais l'intention de me présenter au Comus. bal, mardi soir, et là, faire une restitution publique de l'affaire - mais c'est impossible maintenant. Je n'ose pas prendre de risques ! Cet homme Fell est trop intelligent.

"Tu ne vas pas recommencer, alors ?" » demanda Hammond avec impatience.

"Non. J'ai fini. J'ai ce que je voulais. Pourtant, je ne souhaite pas rendre les affaires avant mercredi, le mercredi des Cendres, la fin de la saison du

carnaval. Supposons que vous récupériez le butin et que vous m'en trouviez."
boîtes. Et assurez-vous qu'ils ne portent aucun nom ni aucune étiquette de
magasin.

Hammond bondit et disparut dans la pièce voisine. Il revint bientôt,
portant plusieurs cartons qu'il jeta sur la table centrale . Gramont les examina
de près et en écarta un numéro qui convenait le mieux à son dessein. Pendant
ce temps, le chauffeur ouvrait une malle de bateau à vapeur qu'il tirait de
dessous le lit.

"Je suis blâmé, content que tu aies fini, crois-moi !" » dit-il avec ferveur
en levant les yeux vers Gramont . " En ce qui me concerne, je m'en fiche,
mais je détesterais vraiment voir les taureaux se livrer à un gars comme vous,
capitaine . Vous n'avez jamais pu persuader personne que tout cela n'était
qu'une blague, non plus, une fois qu'ils vous ont attrapé. Ils sont une
mauvaise bande de taureaux dans cette ville - ce n'est pas comme Chi ou
d'autres endroits, où vous pouvez vous tenir debout et faire un peu de
réparation.

"Vous semblez bien connaître le jeu", et Gramont sourit avec
amusement.

" N'ai -je pas été chauffeur et garagiste ? " rétorqua Hammond, comme
si cela expliquait beaucoup de choses. « S'il y a quelque chose contre lequel
nous ne sommes pas confrontés, vous ne pouvez pas le nommer ! Nous y
sommes. Vous voulez que je garde chaque groupe séparé, n'est-ce pas ?

"Bien sûr. Je vais écrire quelques notes pour entrer."

Gramont se dirigea vers un bureau en buhl dans un coin de la pièce et
s'assit. Il sortit son cahier, arracha plusieurs feuilles et sortit de sa poche un
crayon à mine extrêmement dure. Il a rédigé un certain nombre de notes dont
le contenu, à l'exception des adresses, était identique :

CHER MONSIEUR :

Je joins ci-joint certains bijoux et articles, ainsi que de
la monnaie, que j'ai récemment acquis sous vos aimables
auspices.

J'espère que vous assumerez la responsabilité de
restituer ces objets aux différents invités qui les ont perdus
sous votre toit. Je regrette tout inconfort occasionné par le
fait de les avoir pris en prêt, que je restitue maintenant.
Veuillez transmettre aux différents propriétaires ma
profonde estime et mon assurance que je ne semblerai plus
déranger personne, la saison du carnaval étant terminée, et
avec elle ma petite plaisanterie.

Rassemblant ces notes dans sa main, Gramont se dirigea vers la cheminée. Il jeta le crayon dans le feu, le suivant avec le cahier.

"Je ne peux pas prendre de risques avec cet homme Fell", a-t-il expliqué. "Tout est prêt, sergent. Parcourons la liste une par une."

De la malle, Hammond sortit des paquets avec ticket qu'il posa sur la table. Gramont en choisit un, l'ouvrit, emballa soigneusement le contenu dans l'une des boîtes, plaça dessus le mot adressé et le remit au chauffeur.

"Emballez-le et adressez-le. Donnez l'adresse de retour de John Smith, Bayou Teche."

Un à un, ils parcoururent les colis de butin de la même manière. Devant eux, sur la table, pendant qu'ils travaillaient, brillaient de petits tas de bagues, de broches, de montres, de monnaie ; des bijoux qui brillaient de feux colorés , des bijoux historiques et célèbres arrachés au cœur aristocratique du sud, des héritages d'une génération passée côtoyant des crudités en platine de la mode actuelle.

La perte de ces choses lui avait causé des brûlures d'estomac , Gramont le savait. Il se représentait quelque chose de ce qui avait suivi ses vols : querelles de famille, nouveaux achats dans les bijouteries, reproches acerbes, nouvelles hypothèques sur de vieux héritages, vexations de riches douairières, haussements d'épaules indifférents des nouveaux *riches* ; peut-être des vies modifiées, des décès, des divorces.

"Il y a beaucoup de vie humaine derrière ces babioles, sergent", réfléchit-il à voix haute, un sourire froid aux lèvres pendant qu'il travaillait. "Quand ils reviendront chez leurs propriétaires, j'aimerais me retrouver dans un manteau invisible pour observer les résultats ! Pouvons-nous seulement le savoir, nous affectons probablement la vie d'un grand nombre de personnes, pour le meilleur et pour le pire. les choses représentent l'argent ; et il n'y a rien de tel que l'argent, ou son absence, pour guider le destin des gens. »

"Tu l'as dit," et Hammond sourit. "Je suis là pour le prouver, n'est-ce pas ? Je ne fais plus de tirs, maintenant j'ai trouvé un travail stable."

"Et un ami fidèle, mon vieux", ajouta Gramont . "Est-ce que tu as pensé que j'avais peut-être autant besoin d'un ami que toi ?"

Il en était arrivé à la dernière case désormais, celle qui devait revenir à Joseph Maillard. Sur l'argent et les épingles à foulard qu'il plaça dans la boîte, il posa un mince paquet de papiers. Il les tapota du doigt.

"Ces papiers, sergent ! Pour les avoir, j'ai joué tout le jeu. Pour les avoir et ne pas laisser leur propriétaire soupçonner que j'étais après eux ! Maintenant, ils retournent chez leur propriétaire."

"Qui est-il?" » demanda Hammond.

"Le jeune Maillard, fils du banquier. Il m'a enrôlé dans une compagnie pétrolière ; il m'a attrapé comme un con, presque dès la première semaine de mon séjour ici. J'ai mis presque tout mon liasse dans cette compagnie."

"Tu veux dire qu'il t'a piqué ?"

"Pas encore." Gramont sourit froidement, durement. "C'était son intention ; il pensait que j'étais un Français prêt à se laisser prendre à n'importe quel jeu. J'ai eu raison, mais je sortirai vainqueur."

L'autre fronça les sourcils. "Je ne vous comprends pas, capitaine . Une sorte de transaction boursière ?"

"Oui et non." Gramont s'arrêta et parut choisir ses mots avec soin. " Mademoiselle Lédanois , la dame qui nous accompagnait cet après-midi, est une vieille amie à moi. Je savais depuis quelque temps qu'on la volait. Je soupçonnais que c'était Maillard l'aîné, car il a eu la charge de Ses affaires depuis quelque temps déjà. Mais maintenant, ces journaux m'ont donné la vérité. Il était assez honnête avec elle : c'était son fils qui était l'homme.

" Le jeune imbécile s'imagine qu'en rusant et en jonglant, il joue le jeu de la haute finance ! Il a travaillé pour son père, a fait vendre à son père les terres appartenant à Miss Lédanois , et il en a lui-même récolté les bénéfices. Parmi ceux-ci, il y a des billets et des émissions d'actions. des papiers qui révèlent tout son jeu, à mes yeux. Non pas une preuve légale, comme je l'avais espéré, mais une preuve suffisante pour me montrer la vérité des choses, pour me montrer que c'est un scélérat ! De plus, ils portent sur mon propre cas, et Je suis convaincu maintenant que je serais ruiné si je restais avec lui. »

"Eh bien, c'est facile à régler", a déclaré Hammond. « Tenez-le simplement avec ces papiers – faites-le passer !

"Je ne fais pas ce genre de métier. J'ai volé ces papiers, non pas pour faire du chantage, mais pour obtenir des informations. Au fait, sortez cette boîte en fer blanc de ma malle, voulez-vous ? Je veux faire mon stock certificats avec moi le matin, et je ne dois pas les oublier.

Hammond disparut dans la pièce voisine.

Gramont regardait les cartons devant lui. Malgré ses paroles à Hammond, il y avait un fond de mécontentement perplexe dans ses yeux, une pure insatisfaction. Il secoua sombrement la tête et ses yeux s'assombrirent.

"Tout est gaspillé, tout l'effort !" murmura-t-il. "Je pensais que cela pourrait mener à quelque chose, mais tout ce que cela m'a donné, c'est la récompense de m'être sauvé et peut-être de récupérer Lucie. Quant au plus gros gibier, à la plus grande carrière, tout est gaspillé. Je n'ai pas dénoué un seul fil ; le Le premier véritable indice m'est venu ce soir, purement par accident. Memphis Izzy Gumberts ! C'est la piste à suivre ! Je vais me débarrasser de cette folie de Midnight Masquer et m'en prendre au vrai match.

Gramont devait découvrir qu'il n'est pas aussi facile de se débarrasser de la folie que de revêtir le bonnet et les clochettes du bouffon ; un fait qu'un certain Simplicissimus avait découvert à son grand regret trois cents ans plus tôt. Mais comme Gramont n'était pas versé dans cette branche littéraire, il avait pourtant la découverte devant lui.

Hammond revint dans la pièce avec la boîte en fer blanc dans laquelle Gramont prit ses certificats d'actions émis par la compagnie pétrolière de Bob Maillard. Il a empoché les actions.

"Est-ce que ceci, Miss Ledanois ," demanda Hammond, "joue avec vous dans le jeu ? Le jeune Maillard lui est apparenté, n'est- ce pas ?"

"Elle est tout à fait consciente de ses défauts, je pense", répondit sèchement Gramont .

"Je vois." Hammond se frotta le menton et inspecta son employeur avec un clin d'œil dénotant une parfaite compréhension. "Eh bien, comment comptez-vous sortir en tête du classement ?"

"Je veux récupérer mon propre argent", a expliqué Gramont . "Vous voyez, le jeune Maillard pense qu'il m'a bien nettoyé. J'ai beaucoup investi dans sa société, qui possède déjà quelques petits puits en exploitation. D'après ce que j'imagine, cette société va faire faillite, et une autre société " Je vais reprendre les actions pour presque rien. Maillard sera l'autre société ; ses associés actuels seront les idiots ! C'est ça, ou quelque chose du genre. Cette affaire ne m'intéresse plus. "

"Pourquoi pas, si tu as de l'argent dedans ?"

" Mon fils, demain c'est lundi. Protée arrivera de la mer demain, et le ballon Protée décollera demain soir. Malgré ces distractions, les berges sont ouvertes le matin. Savvy ?

"J'irai chez Maillard, le banquier, Joseph Maillard, dès le matin, et je lui proposerai mes actions. Il sera bien content de les obtenir à rabais, sachant qu'elles sont en compagnie de son fils. Vous voyez, le fils ne se confie pas particulièrement au vieux. Je laisserai le père gagner un peu d'argent grâce au marché avec moi, et ce faisant, j'arriverai à économiser la plus grande partie de mon investissement... "

"Saint maquereau!" Hammond explosa dans un éclat de rire en comprenant l'idée. "Dis, si ce n'est pas la chose la plus riche jamais réalisée ! Quand l'accident arrivera, le gamin chic piquera bien et fort son père, hein ?"

"Exactement ; et je pense que son père peut se permettre d'être piqué bien mieux que moi", approuva joyeusement Gramont . " Aussi, maintenant que je suis certain que Bob Maillard est celui qui était derrière l'escroquerie de Miss Lédanois , je vais d'abord me débarrasser de lui, puis je commencerai à lui rendre ses services. Je pourrais créer une compagnie pétrolière de le mien."

"Fais-le", conseilla Hammond, toujours en riant.

"Maintenant," et Gramont se leva, "prenons ces paquets et rangeons-les dans le coffre à bagages de la voiture. Je deviens nerveux à l'idée de les avoir ici, et ils y seront parfaitement en sécurité pendant la nuit - plus en sécurité. là-bas qu'ici en fait... Demain, vous pourrez sortir de la ville en voiture et envoyer les colis par colis postal depuis une petite ville.

" Ainsi, ils devraient être livrés ici mercredi. Vous feriez mieux de porter un de mes costumes, de laisser ici votre tenue de chauffeur, et de ne pas arrêter la voiture devant la poste où vous postez les colis... "

"Je vous comprends", acquiesça sagement Hammond. "Je vais laisser la voiture en dehors de la ville et la mettre dans les cartons, pour que personne ne la remarque ou ne la relie aux colis, hein ? Mais qu'en est-il de ces vêtements d'aviateur ?"

"Emportez-les avec vous, mieux vaut les emballer ici et maintenant. Vous pouvez les jeter dans un fossé n'importe où."

Hammond obéit.

Dix minutes plus tard, les deux hommes quittèrent la pièce, emportant les paquets de butin et le paquet contenant l'uniforme de l'aviateur. Ils descendirent dans la cour à l'arrière de la maison. Il y avait ici un petit jardin, avec une fontaine en son centre . Derrière celle-ci se trouvaient les écuries, longtemps désaffectées en tant que telles, et qui n'étaient désormais occupées que par la voiture de Gramont .

C'était avec un soulagement non dissimulé que Gramont voyait maintenant les choses sortir de la maison. Au cours des dernières heures, il avait eu extrêmement peur de Jachin Fell. Se concentrant sur l'homme, ramassant les informations avec précaution, il avait ce jour-là assimilé de nombreux petits objets qui augmentaient son sentiment de péril de ce côté-là. Des pailles, pas plus, mais des pailles assez importantes. Gramont comprit clairement que si jamais la police fouillait ses appartements et retrouvait ce butin, il serait perdu. Il ne peut y avoir aucune excuse qui puisse résister un instant à de telles preuves.

Dans le garage, Hammond alluma les lumières de la voiture. A la lueur, ils disposèrent leurs fardeaux dans le coffre à bagages du tonneau, qui les tenait soigneusement. Il s'agissait d'une grande Nonpareil douze cylindres pouvant accueillir quatre passagers, que Gramont avait achetée sur le marché des voitures d'occasion. Hammond l'avait bricolé pour lui donner une forme magnifique et aimait ce mécanisme comme la prunelle de ses yeux.

Le coffre à bagages fermé et verrouillé, ils rentrèrent dans la maison et laissèrent l'affaire comme réglée.

Le lendemain matin, Gramont , qui déjeunait habituellement *en pension* avec son hôtesse, était à peine assis à table qu'il aperçut la silhouette de Hammond à l'entrée arrière de la salle à manger. Le chauffeur lui fit signe précipitamment.

"Viens ici, capitaine !" Hammond respirait lourdement et semblait quelque peu agité. "Je veux te montrer quelque chose !"

« Y a-t-il quelque chose d'important ? Gramont hésita. L'autre le regardait d'un air sinistre.

"Important ? Pire encore !"

Gramont se leva et suivit Hammond jusqu'au garage, à son grand étonnement. Le chauffeur s'arrêta à côté de la voiture et lui tendit une clé en désignant le coffre à bagages.

"Voici la clé, tu l'ouvres !"

"Qu'est-ce qu'il y a, mec ?"

"Il n'y a plus rien !"

Gramont saisit la clé et ouvrit le compartiment. Il s'est avéré effectivement vide. Il regarda le visage d'Hammond qui regardait dans un silence obstiné.

« Je savais que vous me soupçonneriez », s'écria le chauffeur, mais Gramont l'interrompit sèchement.

"Ne soyez pas idiot, rien de tout cela. Le garage était-il fermé ?"

"Oui, et le compartiment aussi ! Je suis sorti pour examiner ce pneu coupé et j'ai pensé que j'allais m'assurer que les affaires étaient en sécurité——"

"Nous y sommes confrontés, c'est tout." Gramont pinça un instant les lèvres. Puis il se redressa et tapota l'épaule de l'autre. "Arrête-toi ! Je n'ai jamais pensé à te soupçonner, mon vieux. Quelqu'un a dû nous surveiller la nuit dernière, hein ?"

"Le gars qui vous a suivi hier, c'est probablement le cas," acquiesça Hammond d'un ton sombre. "Ce n'est pas difficile d'entrer par effraction dans cet endroit, et n'importe qui pourrait ouvrir ce compartiment avec une épingle à cheveux."

"Eh bien, vous avez évité un voyage à la campagne."

"Vous pensez qu'ils nous ont eu, capitaine ? Que pouvons-nous faire ?"

"Faire?" Gramont haussa les épaules et rit. "Rien à part attendre et voir ce qui se passera ensuite ! Si tu veux t'enfuir, je te donnerai assez d'argent pour t'atterrir à New York ou à Frisco——"

"Courez, bon sang !" Hammond renifla avec mépris. "Qu'est-ce que tu penses que je suis... un boche ? Je vais rester."

"Bon garçon." Gramont se tourna vers la maison. « Entrez, prenez votre petit-déjeuner et ne touchez pas à la porte du compartiment. Je veux l'examiner plus tard.

Hammond le regardait avec admiration alors qu'il traversait le jardin. "Si tu n'es pas cool, je suis un Néerlandais !" murmura-t-il, et il suivit son maître.

# CHAPITRE VI

## *Chacherre*

À dix heures ce lundi matin , la voiture de Gramont s'approcha de Canal Street et s'arrêta à un pâté de maisons de là. Il était impossible pour une voiture de gagner Canal, et encore moins de le suivre. D'un trottoir à l'autre, la large avenue était remplie de gens du carnaval, qui tiendraient bon jusqu'à ce que Protée débarque pour gérer son propre défilé et sa propre partie des festivités.

Gramont quitta la voiture et se tourna pour parler à Hammond.

"J'ai relevé au moins deux empreintes digitales sur le coffre à bagages", dit-il doucement. "Conduisez jusqu'au commissariat de police et déposez une plainte à mon nom pour un vol de compartiment ; dites que le voleur s'est enfui avec des colis de valeur que j'étais sur le point d'envoyer par la poste. Ils ont un processus de transfert d'empreintes digitales comme celles-ci ; obtenez-le " C'est fait. Peut-être qu'ils pourront identifier le voleur, car il a fallu un crocheteur astucieux pour entrer dans le compartiment sans laisser de trace. Prends ton temps et rentre à la maison quand tu auras fini. "

Hammond écoutait fixement. "Si ce sont les taureaux qui l'ont fait, capitaine , aller vers eux nous fera pincer, c'est sûr——"

"S'ils l'avaient fait", dit Gramont , "nous aurions été pincés bien avant cela ! C'était quelqu'un envoyé par ce diable Jachin Fell, et je le ferai atterrir si je peux !"

"Alors Fell nous fera atterrir s'il a tout ce qu'il faut!"

"Laissez-le ! Comment peut-il prouver quoi que ce soit, à moins qu'il n'ait amené la police pour ouvrir ce compartiment ? S'entendre avec vous !"

Hammond sourit, salua et partit.

Lentement, Gramont se fraya un chemin à travers la foule tourbillonnante jusqu'à Canal Street et gagna bientôt les imposants portails de la Banque Nationale d'Exeter. En entrant dans le bâtiment, il envoya sa carte au cabinet du président ; un instant après, il fut introduit et enfermé avec Joseph Maillard.

L'intérieur de l'Exeter National reflétait la personnalité sévère qui le dirigeait. La banque était sombre, démodée, conservatrice, gardée avec beaucoup d'effronterie par des grilles et des barreaux de fer contre le malfaiteur.

Les vendeurs de guichets accueillaient leurs clients avec de rares sourires, avec une prudence et une réserve si grandes qu'il faisait franchement froid. La suspicion semblait flotter dans l'air. La réputation de la banque de protéger le caractère sacré de la richesse semblait reposer lourdement sur chaque paire d'épaules courbées. Même les sténographes étaient des femmes peu belles, aux yeux las, tristement efficaces et visiblement respectables.

Comme il convenait à une institution aussi ancienne et conservatrice de la Nouvelle-Orléans, une grande partie de ses affaires se déroulait en français.

Les clients professionnels de cette banque trouvaient leurs affaires traitées avec froideur, efficacité, avec une précision inhumaine et admirable. C'était bon pour les affaires et cela leur plaisait. Il n'y a eu aucune erreur.

Les gens habitués à traiter avec des banquiers au sourire cordial et aux paroles courtoises, les gens qui aimaient entrer dans une banque et être accueillis personnellement, ne venaient pas ici et n'étaient pas non plus recherchés ici. L'Exeter National était un lieu d'affaires, pas de courtoisie. C'était absolument précis, froid , inhumain et impliquait des affaires de fond en comble. Son client le plus ancien ne pouvait pas acheter de traite sur Paris, Londres ou d'autres correspondants de la banque sans payer les frais requis. Le déposant le plus riche ne pouvait pas s'attendre à mettre à découvert son compte courant d'un dollar sans être obligé de régler son compte avant la fin du lendemain. Les prêts étaient accordés avec hésitation, à contrecœur et par nécessité, toujours sur la sécurité et jamais sur la réputation.

Tel était l'Exeter National. Son caractère se reflétait dans les visages froids à ses fenêtres, et les clients fortuits qui entraient dans ses portails sacrés étaient dûment intimidés et mis à leur place. La plupart d'entre eux l'étaient, bien entendu. De temps à autre apparaissait une âme intrépide qui semblait insensible au froid morne, qui semblait même lui en vouloir. L'une de ces personnes se tenait maintenant dans le hall et regardait autour d'elle avec une impudence froide qui attirait des regards défavorables de la part des employés.

C'était un type décemment habillé, visiblement pas client de ce lieu sacro-saint, visiblement étranger à son intérieur. Sous un chapeau souple et impertinent, rayonnait un visage qui arborait un air de diabolique impertinente et sûre d'elle. Après avoir regardé ce visage, le caissier adjoint a rapidement pointé un doigt vers le gardien d'étage, qui a hoché la tête et s'est dirigé vers l'intrus avec une question polie.

"Puis-je vous aider Monsieur?"

L'intrus s'est retourné, a offert au garde un regard froid, puis a éclaté de rire et a lancé un flot de dialecte créole.

"Eh bien, si ce n'est pas le vieux Lacroix de Carencro ! Et regarde les boutons de cuivre... *diable* ! Tu dois posséder cet endroit, hein ? *la tchè bavarder poussé avec temps* — la queue du chat grandit avec le temps, je vois ! Tu te souviens de moi?"

"Ben Chacherre !" s'exclama le garde, perdant un instant sa dignité. "Eh bien... toi *vaurien* , toi ! Toi qui as disparu de la paroisse et suis devenu vagabond..."

" Alors vous tournez votre nez sanctifié vers Ben Chacherre , n'est-ce pas ? " s'exclama cette personne avec désinvolture. Il repoussa son chapeau un peu plus loin sur une oreille et se mit à claquer des doigts sous le nez de Lacroix.

" Un *vaurien* , n'est-ce pas ? Vieux paon ! Conduis-moi jusqu'à l'encaisseur de chèques, laquais, boutons de cuivre que tu es ! Viens, obéis-moi, ou je te fais jeter à la rue ! "

"Vous... vous souhaitez encaisser un chèque ?" Le surveillant était pris de confusion, car les voix fortes de Chacherre pénétraient dans toute l'institution. "Mais tu n'es pas connu ici————"

" Bah, l'insolent ! *Macaque dan calebasse* — singe dans la calebasse que tu es ! Tu ne me connais pas ? "

"Dieu me préserve ! Je ne répondrai pas de vos maudits chèques."

" Allez donc au diable ", dit Chacherre d'un ton sec et il se détourna.

Ses yeux errants avaient déjà trouvé la bonne fenêtre grâce aux autres personnes qui la recherchaient, et maintenant il entra dans la petite file d'attente qui s'était formée. Quand vint son tour, il fit glisser son chèque sur la dalle de marbre, glissa ses pouces dans les emmanchures de sa veste et regarda avec impudence les yeux interrogateurs et froidement repoussants du caissier.

"Bien?" s'exclama-t-il tandis que le caissier examinait le chèque. "Veux-tu le manger, que tu renifles si fort ?"

Le caissier lui lança un regard. "C'est pour mille dollars————"

"Je ne peux pas lire ?" dit Chacherre avec un geste impudent. "Suis-je un Cajun ignorant ? N'ai-je pas des yeux dans la tête ? Si vous souhaitez lancer une dispute, dites que le chèque est de cent dollars. Alors, par le ciel, je discuterai de quelque chose avec vous !"

"Vous êtes Ben Chacherre , hein ? Est-ce que quelqu'un ici vous connaît ?"

Chacherre explosa dans un violent juron. "Imbécile que tu es, dois-je être connu lorsque le chèque est endossé sous ma signature ? Qui t'a appris les affaires, singe ?"

"C'est vrai", répondit le caissier d'un air boudeur. "Pourtant, le montant——"

"Oh, bah !" Chacherre claqua des doigts. « Va téléphoner à Jachin Fell, vieille femme ! Va lui dire que tu ne connais pas sa signature. Eh bien, qui regardes-tu ? Suis-je donc un téléphone ? Tu n'es pas engagé pour regarder mais pour agir ! ".

Le caissier enragé et scandalisé fit signe à un confrère. Jachin Fell a reçu un appel téléphonique. Vraisemblablement, sa réponse fut rassurante, car Chacherre reçut bientôt mille dollars en petits billets, comme il l'avait demandé. Il s'obstina à compter l'argent à la fenêtre avec une assiduité insolente, lança un dernier compliment au caissier et traversa le hall en pavanant. Il se tenait toujours près de l'entrée lorsque Henry Gramont quitta le cabinet du président et passa devant lui sans un regard.

Gramont souriait intérieurement en quittant la banque, et Ben Chacherre sifflait gaiement en sortant lui aussi et en s'enfonçant dans le tourbillon tourbillonnant des foules carnavalesques.

Vers midi, Gramont arriva à pied à sa pension. Trouvant les pièces vides, il poursuivit son chemin et traversa le jardin. Derrière le garage, dans la ruelle, il découvrit Hammond occupé à nettoyer et polir le moteur de la voiture.

"Bonjour!" s'exclama-t-il joyeusement. "Quelle chance?"

"Plutôt bien, capitaine ." Hammond leva les yeux, puis fit une pause.

Un étranger se dirigeait vers eux dans la ruelle, un individu enjoué qui sifflait gaiement et qui semblait tout à fait insouciant et heureux. Il semblait ne s'y intéresser absolument pas, et Hammond en conclut qu'il était inoffensif.

"Ils ont bien obtenu leurs empreintes, capitaine . De plus, ils pensent avoir localisé le type qui les a faites ."

"Ah, bon travail !" s'écria Gramont . "Un criminel ?"

Hammond fronça les sourcils. L'étranger s'était arrêté à quelques mètres de là, leur adressait un signe de tête saccadé et insouciant et commençait à rouler une cigarette. Il observa la voiture d'un œil entendu et reconnaissant. Hammond tourna le dos à l'homme avec dédain.

"Oui, un voleur sournois qu'ils avaient arrêté il y a quelques années ; il ne savait pas où il était, mais les empreintes semblaient lui correspondre. Ils viendront examiner la situation aujourd'hui, puis s'en prendront à lui. et fais-le atterrir.

Gramont jeta un coup d'œil à l'inconnu, mais l'autre observait toujours la voiture avec une admiration évidente. S'il entendait leurs paroles, il n'y prêtait aucune attention.

« Qui était cet homme, alors ? » demanda Gramont .

"Un gars avec un nom bizarre : Ben Chacherre ." Hammond l'a prononcé comme il l'estimait correct, comme le nom était orthographié. "Seulement, ils ne l'appelaient pas ainsi. Ici, je l'ai écrit."

Il fouilla dans sa poche et en sortit un papier. Gramont y jeta un coup d'œil et rit.

"Oh, Chacherre !" Il a donné au nom la prononciation créole.

"Ouais, Sasherry . Je pense qu'ils viendront d'un moment à l'autre maintenant, j'ai dit que deux taureaux viendraient."

"D'accord." Gramont hocha la tête et se détourna, jetant un nouveau regard à l'inconnu. "Je n'aurai pas besoin de la voiture aujourd'hui ni ce soir à ma connaissance. Je ne vais pas au bal de Proteus. Ainsi, votre temps vous appartient jusqu'à demain; profitez-en!"

Il disparut et Hammond retourna à son travail. Puis il se redressa, car l'étranger enjoué se dirigeait vers lui avec l'intention évidente de parler.

« Une voiture que tu as là, mon frère ! » Ben Chacherre , qui avait entendu la majeure partie de la conversation précédente, alluma sa cigarette et sourit familièrement. "Une voiture, hein ?"

"C'est un bateau, d'accord", concéda Hammond à contrecœur. Il n'aimait pas le look des autres, même si les éloges de la voiture étaient doux pour son âme. "Elle en fait certainement quelques pas."

"Oui. Tout ce dont elle a besoin", dit Chacherre d'une voix traînante , "c'est de bons pneus, une nouvelle couche de peinture, un bon châssis en acier et un nouveau moteur..."

"Hein?" » renifla Hammond. "Dis, toi , qui t'a vendu des jetons dans ce jeu ? Avancez !"

Ben sourit de nouveau et s'appuya contre un poteau téléphonique à proximité.

« Un pays libre, n'est- ce pas ? » demanda-t-il paresseusement. "Ou avez-vous investi vos gains et acheté ceci ici ?"

Hammond rougit de colère et fit un pas en avant. Les paroles suivantes de Chacherre , cependant, le poussèrent brusquement à se maîtriser.

"Vous avez vu quelque chose qui ressemble à un casque d'aviateur par ici ?"

"Hein?" Le chauffeur lança un regard noir à son bourreau, mais avec un soudain sentiment de nausée dans sa poitrine. Il se rendit soudain compte que les yeux de l'homme rencontraient les siens, avec une franchise audacieuse et insolente. "De qui tu te moques maintenant ?"

"Personne. Je posais une question, c'est tout." Ben Chacherre jeta sa cigarette, se détacha du poteau téléphonique et s'éloigna. "Seulement," il jeta par-dessus son épaule, "je venais ici hier soir dans mon avion, et j'ai perdu mon casque par-dessus bord. Je pensais que tu l'avais peut-être vu. Au revoir, frère!"

Hammond regardait fixement la silhouette fanfaronne ; pour une fois, il resta sans voix. Ces mots enjoués lui avaient envoyé une terreur palpitante . Il commença impulsivement à poursuivre cet impudent accosteur, puis il se retint. L'homme avait-il deviné quelque chose ? L'homme savait-il quelque chose ? Ou ces mots n'étaient-ils qu'un brin d'impertinence dénuée de sens — un puits fortuit qui était accidentellement rentré chez lui ?

La dernière conjecture s'imposa à Hammond comme étant la vérité, et sa frayeur momentanée s'éteignit. Il conclut que l'incident ne valait pas la peine d'être raconté à Gramont , qui avait sûrement déjà assez de problèmes à ce stade. Alors il a gardé le silence à ce sujet.

Quant à Ben Chacherre , il sortit de la ruelle d'un pas nonchalant, un sifflement insouciant aux lèvres. Une fois hors de vue de Hammond, cependant, il accéléra le pas. Tournant dans une rue latérale, il se dirigea vers cette partie du vieux quartier qui, avant la prohibition, avait été consacrée aux cabarets bas et aux bars de toutes sortes. La plupart de ces lieux étaient désormais barricadés et vraisemblablement abandonnés. Arrivant à l'une d'elles, qui paraissait plus sale et plus désolée que les autres, Chacherre ouvrit une porte latérale et disparut.

Il entra dans ce qui était autrefois le cabaret Red Cat. A une table dans la pièce principale à moitié sombre étaient assis deux hommes. Un serveur négligé étudiait un journal à une autre table dans un coin éloigné. Les deux au centre ont fait un signe de tête à Chacherre . L'un d'eux, qui en était le propriétaire, fit un signe du menton pour les inviter à les rejoindre.

Un homme célèbre dans les milieux souterrains, un homme dont la renommée reposait sur des faits et des faits curieux, ce propriétaire ; Peu d'escrocs dans le pays n'avaient pas entendu le nom de Memphis Izzy Gumberts . C'était désormais un vieil ours grisonnant ; mais dans le passé, il avait été à la tête d'une vaste organisation qui, chaque jour de paie, couvrait tous les postes militaires du pays et détournait dans ses propres poches environ les deux tiers de la masse salariale de l'Oncle Sam - un exploit encore raconté dans les milieux criminels. comme le *nec plus ultra* du succès. Ces beaux jours étaient révolus, mais Memphis Izzy, qui n'avait jamais été « agressé » dans aucune galerie, était assis dans son cabaret désert et ne manquait toujours pas de pouvoir et d'influence.

L'homme à ses côtés n'avait apparemment pas envie de s'attarder, car il se leva et fit ses adieux à l'approche de Chacherre .

"Il nous reste environ dix-huit voitures", dit -il à Gumberts . "Charley le Goog peut s'occuper d'eux, et l'endroit est suffisamment sûr. C'est à vous de décider. Je retourne vers Chi."

"Dérivez", et Gumberts hocha la tête, un regard moqueur dans les yeux. Son visage était large, aux joues épaisses , rempli d'un talent vif et puissant. "C'est un jeu d'enfant que personne dans cet État ne vienne interférer avec nous. À propos de ces voitures venant du Texas, des nouvelles ?"

"J'ai envoyé des ordres pour les amener la semaine prochaine."

Gumberts hocha de nouveau la tête et l'homme partit. Dans le fauteuil qu'il avait quitté, il laissa tomber Ben Chacherre et sortit de sa poche l'argent qu'il avait obtenu à la banque. Il l'a posé sur la table devant Gumberts .

"Voilà," dit-il. "Les sommes que vous voulez et tout. Le patron dit de me donner un reçu."

"Je ne te ferais pas confiance, hein ?" railla Gumberts . Il sortit un crayon et du papier, griffonna un mot ou deux et poussa le papier à Chacherre . Puis il se pencha vers un petit cartable ouvert sur le sol à côté de sa chaise. "Pourquoi le patron ne laisserait-il pas l'argent sortir du takin, hein ?"

"Je voulais tenir des comptes séparés", a expliqué Chacherre .

Gumberts hocha la tête et sortit deux grandes enveloppes scellées qu'il poussa sur la table.

"Il y a le rakeoff pour la semaine dernière", annonça-t-il. "La semaine dernière sera une grosse affaire, à en juger par les premiers rapports."

Chacherre empocha les enveloppes, alluma une cigarette et se pencha en avant.

"Dis, Izzy ! Tu dois envoyer un nouvel homme au Bayou Latouche tout de suite. Lafarge était là, tu sais ; un nègre lui a tiré dessus hier. Le nègre a menacé de crier s'il ne récupérait pas son argent - Lafarge était un imbécile et Je ne savais pas comment le gérer. La loterie va donner une mauvaise réputation là-bas... "

Gumberts claqua des doigts. "Laisse-le!" dit-il calmement. "Les gros sous de toute cette section sont chinois et philippins, mon ami. Les nègres n'ont pas d'importance."

"Eh bien, le patron dit de tirer sur un nouvel homme là-bas. De plus, dit-il, vous feriez mieux de faire attention à la propagation de la loterie au Texas et en Alabama, compte tenu des règles gouvernementales."

Les traits lourds de Gumberts se fermèrent en un air renfrogné.

"Dites à votre patron, " dit-il, "que lorsqu'il s'agit d' éviter les hommes fédéraux, je ne veux aucune instruction de personne ! Nous avons repéré tous les hommes de cet État. Tous ceux qui peuvent être réparés sont réparés. - et cela vaut pour les législateurs et les politiciens qui clarifient la ligne ! Dites à votre patron de s'occuper du gouvernement local aussi bien que je m'occupe d'autres choses, et il fera tout ce qui est nécessaire. Ce à quoi il devrait s'occuper, D'une part, est-ce qu'il y a ici un type qui se fait appeler Midnight Masquer. Je lui ai déjà dit que ce type jouait au diable avec mon système ! Ce Masquer n'a aucune protection, vous voyez ? Plus vite Fell s'en prend à lui, mieux c'est pour tous. concerné--"

Chacherre rit, non sans fanfaronnade.

" Nous nous sommes occupés de tout cela, Izzy, nous l'avons attaqué et réglé ! Ce type faisait ça pour une plaisanterie de carnaval, c'est tout. Son butin est entièrement rendu aux propriétaires aujourd'hui. Il De toute façon, ne vous inquiétez pas ! Il n'y avait pas grand-chose là-dedans : des bijoux dont on ne pouvait pas se débarrasser, pour la plupart. Nous ne pouvions pas prendre de risques avec ce genre de cochonneries.

"Je devrais dire non." Gumbert le regarda d'un air renfrogné. « Vous avez les affaires ? »

"Le patron l'a fait. Écoutez, Izzy, je veux que vous utilisiez un peu d'influence auprès du siège sur cette affaire - le patron ne veut pas montrer sa main là-bas", et se penchant en avant, Ben Chacherre parla à voix basse. Ensuite, Gumberts l'entendit, rit et acquiesça.

À deux heures de l'après-midi, Henry Gramont , qui écrivait des lettres au mépris total du défilé du carnaval du centre-ville, fut appelé au téléphone. Il fut accueilli par une voix qu'il ne reconnut pas, mais qui s'annonça promptement.

"C'est M. Gramont ? La préfecture de police vous parle . Vous avez porté plainte ce matin contre un certain Chacherre ?"

"Oui", répondit Gramont .

"Alors ça doit être une erreur", fut la réponse. "Nous pensions que les empreintes correspondaient, mais nous avons découvert plus tard que ce n'était pas le cas. Nous avons recherché le type Chacherre et avons constaté qu'il travaillait régulièrement et strictement OK. De plus, il a prouvé qu'il avait un alibi parfaitement sûr pour l'autre nuit."

"Oh!" dit Gramont . "Alors il n'y a rien à faire ?"

"Pas encore. Nous y travaillons , et peut-être aurons-nous des nouvelles plus tard. Au revoir."

Gramont raccrocha, un froncement de sourcils perplexe. Mais après une minute, il rit doucement — une trace de colère dans son rire.

"Ah!" murmura-t-il. "Je vous félicite pour votre efficacité, M. Fell ! Mais maintenant attendez un peu, et nous nous reverrons. Je pense que j'arrive enfin à quelque chose, et j'aurai une surprise pour vous un de ces jours !"

# CHAPITRE VII

## *À l'air libre*

À LA NOUVELLE-ORLÉANS, la saison du carnaval est toujours ouverte par le bal des Twelfth Night Revelers peu après Noël, et se termine par celui de la Krewe of Comus le soir du Mardi Gras. En effet, en ce soir du « Mardi gras », Rex et Comus discutent. Rex est le bal populaire, l'affaire du peuple, et se tient à l'Athénée. De là, vers minuit, le roi et la reine se rendent au bal Comus.

Comus est un ensemble d'une exclusivité si rigide que même les billets pour les galeries sont considérés comme des prix sociaux. Le *personnage* du Krewe, cette année particulière comme toutes les années précédentes, resterait inconnu ; il n'y a pas de démasquage chez Comus. Cette institution, formidable pouvoir social et potentiellement financier aussi, pendant des décennies de la vie de la ville, est tenue absolument au-dessus de toute souillure de favoritisme ou de commercialisme. Même les familles des personnes concernées ne savaient pas toujours avec certitude si leurs fils et frères appartenaient à la Krewe de Comus.

Henry Gramont n'a pas assisté au bal de Protée lundi soir. Au lieu de cela, il était assis dans sa propre chambre, tandis que dehors, dans les rues du quartier français, le carnaval faisait rage à son apogée. Devant lui se trouvaient des cartes et des rapports sur les champs de gaz et de pétrole du Bayou Terrebonne, champs où de grands dômes de gaz naturel étaient déjà situés et utilisés, et où l'on trouvait du pétrole en certaine quantité. Mercredi matin, de bonne heure, Gramont avait l'intention de se mettre au travail. Il avait été engagé pour faire un rapport à la société de Bob Maillard, et il le ferait. Il démissionnerait alors de son poste de conseiller et serait libre. Un sourire dessina ses lèvres en pensant au jeune Maillard et à la compagnie.

"Le jeune gentleman sera tristement surpris de découvrir que je suis sorti d'en bas et que son respecté père détient mes actions !" réfléchit-il. " C'était une bonne affaire ; j'en ai perdu mille au père Maillard pour économiser les trente mille ! "

Un coup frappé à sa porte interrompit le fil de cette pensée. Gramont ouvrit et trouva le concierge avec un mot qui avait été déposé à la porte en bas par un Arlequin masqué, qui avait alors disparu sans attendre de réponse.

Gramont reconnut l'écriture sur l'enveloppe et se précipita vers le billet qu'elle contenait. Son visage changea cependant à mesure qu'il le lisait :

S'il vous plaît, appelez-nous rapidement demain matin
à onze heures. Je souhaite vous voir pour une affaire.

Gramont regarda longuement ce billet, les sourcils tirés en une ligne dure. Ce n'était pas comme Lucie dans son ton, d'une manière ou d'une autre ; il sentit que quelque chose n'allait pas, quelque chose de vaguement mais résolument désaccordé. Ce n'était certainement pas sa manière d'écrire ainsi, d'une manière aussi sèche et dure : les mots l'inquiétaient. Qu'est-ce qui aurait pu se produire maintenant ? Puis, avec un haussement d'épaules, il jeta le message sur la table.

« Onze heures demain matin, hein ? murmura-t-il. "C'est bizarre aussi, car elle doit être au bal de Proteus ce soir. La plupart des filles ne s'occuperaient pas de leurs affaires à onze heures du matin, après avoir passé toute la nuit à Proteus ! Ce doit être quelque chose d'important. D' ailleurs, elle n'est pas là. "

Il s'éloignait de ses pensées sur Lucie, s'éloignait de sa personnalité et revenait à ses rapports avec un effort de concentration.

Gramont souhaitait examiner son terrain de Terrebonne en pleine connaissance de sa géologie et de sa situation. Le forage pétrolier est de toute façon un pari, mais Gramont a eu la solide satisfaction d'un érudit de bien maîtriser son sujet avant de se mettre au travail. Ensuite, pensa-t-il, il terminerait sa tâche le plus rapidement possible, remettrait son rapport et démissionnerait de l'entreprise. Après cela, liberté ! Il regrettait assez tristement d'avoir jamais noué des relations avec la société Maillard.

"Mais qu'est-ce qui m'empêche d'avancer, en attendant ?" il réfléchit. "Qu'est-ce qui empêche ma propre entreprise de se relever ? Rien ! Tout ce dont j'ai besoin, c'est d'un soutien. J'y investirai vingt-cinq mille dollars, et cette somme supplémentaire nous donnera suffisamment de capital pour commencer à forer. Si Je pourrais trouver quelqu'un qui avait une foi positive en mon jugement et en qui je pourrais avoir confiance à mon tour..."

Il se retint brusquement et regarda les journaux devant lui avec des yeux écarquillés. Un lent sifflement sortit de ses lèvres, puis il sourit et tira les papiers vers lui. Pourtant, pendant qu'il travaillait , il ne pouvait pas retenir la pensée qui s'était imposée à lui. C'était tout à fait absurde, bien sûr – mais pourquoi pas ?

Quand Gramont se coucha ce soir-là, ce fut avec un projet surprenant et audacieux, bien défini dans son cerveau ; un projet dont la première conception semblait ridicule et impossible, mais qui, à la réflexion, apparaissait sous un jour très différent. Cela méritait d'y réfléchir sérieusement, et Gramont avait pris sa décision avant de s'endormir.

Le lendemain était mardi – Mardi Gras, mardi gras, dernier jour avant le début du Carême et dernier jour culminant du carnaval. Henry Gramont, cependant, était destiné à trouver peu de plaisir personnel à ses débuts.

A onze heures du matin, Hammond le conduisit chez les Lédanois, où Gramont fut admis par l'un des hommes de couleur . serviteurs et conduits dans le salon . Un instant plus tard, Lucie elle-même apparut. Au premier coup d'œil, son salut souriant dissipa les appréhensions à moitié senties de Gramont . Presque immédiatement après, cependant, il remarqua un changement perceptible dans son comportement, alors qu'elle le conduisait vers le fond de la pièce et lui montrait une table inclinable en acajou qui se trouvait dans un coin.

"Viens ici, s'il te plaît. J'ai quelque chose que je souhaite te montrer."

Elle n'avait pas besoin d'en dire plus. Gramont , qui la suivait, se retrouva à regarder fixement le symbole de consternation qui l'envahissait. Car sur cette table étaient posés tous ces mêmes cartons qu'il avait lui-même emballés avec le butin du Midnight Masquer, les mêmes cartons, apparemment non ouverts, qui avaient été volés dans son automobile par le prétendu voleur Chacherre !

Pendant un instant, Gramont se trouva incapable de parler. Il fut stupéfait à la vue de ces boîtes caractéristiques . Un coup d'œil sur les traits calmes de la jeune fille lui montra qu'il n'y avait rien à lui cacher, même s'il le souhaitait. Il fut encore plus abasourdi par cette prise de conscience. Il ne comprenait pas comment les colis étaient arrivés ici. Reprenant sa voix avec effort, il parvint à briser le lourd silence.

"Eh bien ? Je suppose que vous savez ce qu'il y a dans ces colis ?"

Elle acquiesça. "Oui. L'un d'eux a été ouvert et la note à l'intérieur a été découverte. Bien sûr, elle donnait une explication générale. Voulez-vous vous asseoir, s'il vous plaît ? Je pense que nous ferions mieux d'en discuter doucement et calmement."

Gramont obéit et se laissa tomber sur une chaise.

Il était absurdement conscient de sa propre confusion. Il essaya de parler, mais les mots et les pensées lui manquèrent. Tiraillé entre la fierté et le chagrin, il se retrouva incapable de dire rien. Les explications, à tout moment, lui venaient difficilement ; maintenant, au moins, il sentait qu'il ne pouvait pas mentir à cette fille. Et comment allait-il lui dire la vérité ?

Et comment Lucie était-elle entrée dans cette affaire ? Cela le stupéfiait par-dessus tout. Était-elle à l'origine du vol du butin ? Ce doit être. Depuis combien de temps le soupçonnait-elle alors ? Il avait pensé que Jachin Fell était le seul point dangereux – il n'avait jamais imaginé que cette Athéna aux yeux gris puisse retrouver le Masquer ! Il essaya de visualiser la situation plus clairement et son cerveau se mit à tourner. Il savait, bien sûr, qu'elle était assez intime avec Fell, mais il n'avait conscience d'aucun lien particulier...

Il leva soudain un regard vers elle et surprit une lueur de rire dans ses yeux alors qu'elle le regardait.

"Vous semblez plutôt étonné", observa-t-elle.

"Je suis." Gramont inspira profondément. « Vous... savez-vous que ces cartons ont été pris dans ma voiture ? »

Elle hocha de nouveau la tête. "Certainement. On me les a amenés."

"Alors tu avais quelqu'un sur mes traces ?" Gramont rougit un peu en lui posant la question.

"Non. J'ai été choisi pour régler mes affaires avec vous, c'est tout. On a appris d'après la note dans la boîte ouverte que vous n'étiez pas criminel dans ce que vous avez fait."

Elle se pencha en avant, ses yeux profonds le scrutant avec une attention constante.

" Dites -moi, Henry Gramont , quelle impulsion folle vous a amené à tout cela ? Était-ce un effort stupide et enfantin pour être romantique — était-ce un simple accès de bravade ? Ce n'était pas pour le vol, comme l'expliquait très clairement la note. " Mais pourquoi, alors ? Pourquoi ? Il devait y avoir une raison précise dans votre esprit. Vous n'auriez pas pris des risques aussi dangereux si vous n'aviez pas eu quelque chose à gagner ! "

Gramont hocha légèrement la tête, puis rougit de nouveau et se mordit la lèvre. Pendant un instant, il ne répondit pas à sa question.

Il pouvait, bien sûr, dire qu'il avait été le Masque de Minuit à cause d'elle seule ; ce qui serait décidément faux. Il pourrait lui dire, comme il l'avait dit à Hammond, que tous ses efforts avaient conduit à cette scène dans la bibliothèque Maillard, alors que, sans que personne ne le soupçonne, il pourrait vérifier sa propre hypothèse quant à savoir qui avait fraudé Lucie Ledanois . Cela semblerait très bien, mais ce serait un mensonge. Cela était loin d'être la seule raison pour laquelle il jouait au jeu de Midnight Masquer.

Mais pourquoi lui dire quoi que ce soit ?

Un léger sourire effleura ses lèvres. "Tu ne vas pas m'envoyer en prison, j'espère ?"

"Je devrais!" La jeune fille éclata de rire. "Eh bien, j'ai encore du mal à croire que c'est vraiment vous qui étiez coupable de ces choses ! Cela m'a mortifié, cela m'a stupéfié - jusqu'à ce que je réalise la vérité à partir de la note. Même le fait que vous ne l'ayez pas fait à des fins criminelles ne change rien." " Cela ne soulage pas la pure folie de cet acte. Pourquoi l'as-tu fait ? Viens, dis-moi la vérité !"

Gramont haussa les épaules. "La vérité ? Eh bien, mon chauffeur, Hammond, était le premier Masquer. Je l'ai surpris en flagrant délit - vous vous souvenez que je vous ai parlé de lui ? Après l'avoir embauché, je suis devenu le Masquer. Le pauvre Hammond a mis un certain temps à réaliser que mes motivations étaient altruistes et non criminelles. Il en fut très bouleversé jusqu'à ce qu'il découvre que j'avais l'intention de restituer tout le butin intact.

"Pourquoi as-tu fait ça, alors ?" insista la jeune fille.

" Appelez ça de la bravade, ma chère Lucie. Appelez ça comme vous voulez, je ne peux pas vous mentir ! J'avais un mobile, et je refuse de l'admettre, c'est tout. "

"Tu n'as pas honte de toi ?"

"Pas particulièrement." Il a souri. " J'avais en vue un bon but, et je l'ai accompli. D'ailleurs, je me flatte de l'avoir accompli très convenablement ; il n'y a rien de tel qu'être un bon ouvrier, vous savez. Maintenant que j'ai fini , maintenant que j'ai fini. J'ai fini de jouer à mon petit jeu, tu l'as découvert par hasard. J'ai honte sur ce point, Lucie, honte parce que cette découverte t'a bien naturellement fait penser durement à moi...

"Je pense que tu as été très stupide", dit-elle avec un calme déconcertant. Il la regarda un moment, fixement. "Et vous avez fait preuve d'un terrible manque de jugement !"

"Idiot ? Eh bien, peut-être. Qu'est-ce que tu vas faire de ces boîtes ?"

"Je les mettrai par la poste. Je vais déjeuner en ville et je le ferai à ce moment-là. Ils seront livrés cet après-midi."

Il acquiesca. " J'avais prévu de les faire livrer demain ; cela ne fait aucune différence. C'est vous le patron. Cela donnera un peu plus de raisons de jubiler aux braves gens ce soir, hein ? "

Un rire soudain éclata sur ses lèvres. "Je commence à en voir l' humour , Lucie... et je sais qui t'a mise à côté de moi. C'était Jachin Fell, le vieux renard ! Je me doutais qu'il était sur mes traces, et je pensais qu'il avait réussi le voyage." vol de ces cartons. En fait, je m'apprêtais à lui faire une grosse surprise cet après-midi. Mais dis-moi, Lucie, tu es en colère ?

Elle le regarda fixement pendant un moment, puis un sourire rapide apparut sur ses lèvres et elle lui tendit une main pardonnante. Son geste et ses paroles étaient impulsifs, sincères.

" En colère ? Non. Je pense que tu as une bonne raison derrière tout cela, que tu ne me confieras pas. Je te comprends assez bien, Henry Gramont ; je pense que je peux comprendre certaines choses en toi. Tu n'es pas faible, pas de cinglé romantique et faisant de l'obstruction ! Et je t'aime bien parce que tu ne me mentiras pas. Tu as un mobile et tu refuses de le dire - très bien ! Je serai tout aussi franc et je dirai que je ne le suis pas. un peu en colère. Alors, c'est réglé !

"Maintenant, quelle était la grande surprise que vous venez de mentionner que vous alliez donner au pauvre M. Fell cet après-midi ?"

de Gramont pétillèrent. "Tu te souviens que je pensais qu'il me soupçonnait d'être le Masquer ? Eh bien, j'allais le voir et lui proposer que nous commencions des affaires ensemble."

"Oh ! En tant que bandits ?"

"Non, en tant que promoteurs pétroliers. Je ne suis plus dans l'entreprise de Maillard, ou je le serai bientôt. Dès que je serai sorti, je serai libre de me lancer en affaires à mon compte. Je me suis dit que si Jachin tombait , Si j'avais assez d'intelligence pour détruire le Masque de Minuit, il serait un très bon partenaire commercial ; parce que je suis pauvre en détails commerciaux. De plus, je pense que Fell est digne de confiance. Les choses que vous m'avez dites et écrites à son sujet. le prouve. Il est très fort politiquement, j'ai découvert – même si peu de gens le savent.

"Mais il n'est pas intéressé par le pétrole , n'est-ce pas ?"

"Je ne sais pas ; je considère comme acquis qu'il souhaite gagner de l'argent. La plupart des hommes le sont. La seule façon de gagner de l'argent avec le pétrole est d'avoir de l'argent - et il en a ! J'en ai un peu. Je peux en mettre vingt. -cinq mille. Avec une somme égale de sa part, nous pouvons creuser quelques puits, peut-être trois. Si nous faisons faillite, d'accord. Si nous trouvons du pétrole, nous sommes riches!"

"Mais, mon cher Henry, s'il savait que tu es le Masque de Minuit, penses-tu qu'il voudrait faire affaire avec toi ?" Ses yeux gris dansaient d'amusement alors qu'elle posait la question.

"Pourquoi pas?" Gramont éclata de rire. "S'il savait que j'ai assez d'intelligence pour réussir ce coup et garder toute la Nouvelle-Orléans en l'air, ne ferais-je pas un bon partenaire ? De plus, je crois que j'ai une certaine idée de l'endroit où aller après le pétrole ; je' Je vais d'abord examiner votre terrain———"

"Mon bon prince, vous ne manquez sûrement pas d'audace !" Elle éclata de rire. "Votre argument selon lequel vous inciteriez M. Fell à faire affaire avec vous est naïf———"

"Mais, comme argument, n'est-il pas tout à fait valable ?"

"Peut-être. Puisque c'est Lucie Ledanois et non Jachin Fell qui vous a amené à avouer vos crimes contre la société, n'allez-vous pas lui proposer de faire affaire avec vous ? L'argument ne tient-il pas avec elle ? "

Même si Gramont fut surpris, il croisa son regard sans détour.

"Non. Le pétrole n'est pas un jeu de femme, à moins qu'elle ne puisse se permettre de perdre. J'imagine que vous ne le pouvez pas, Lucie. Une fois que j'ai créé ma société, cependant..."

"Tu as raison, je ne peux pas investir d'argent. Je n'ai pas de terres. A moins que je vende cette terre du Bayou Terrebonne - c'est une vieille ferme abandonnée avant la mort de mon père -"

"Ne le vendez pas!" s'exclama-t-il rapidement. "N'envisagez aucune transaction avec cela jusqu'à ce que je l'aie examiné, d'accord ?"

" Puisque vous le demandez, non. S'il y a du gaz à proximité , il doit y avoir du pétrole. "

"Qui sait?" il haussa les épaules. "Personne ne peut prédire le pétrole."

"Alors tu as toujours l'intention d'aller à Jachin Fell avec ton plan ?"

Gramont hocha la tête. "Oui. Regarde, Lucie, il est environ midi ! Suppose que tu viennes déjeuner avec moi au Louisiane , si tu n'as pas de rendez-vous. Nous pourrons mettre ces cartons au courrier en route, et après le déjeuner j'essaierai de mettre la main sur Fell."

Elle pencha la tête de côté et l'observa pensivement.

"Tu es sûr que tu ne vas pas me kidnapper ou quoi que ce soit du genre ? C'est risqué de devenir l'ami de criminels endurcis, même si on essaie de les élever."

"Bien ! Tu viendras ?"

"Si vous pouvez me donner dix minutes———"

"Ma chère Lucie, vous êtes l'objet le plus charmant de la Nouvelle-Orléans en ce moment ! Pourquoi chercher à vous rendre encore plus attirante ? Dorer le lys est une tâche impossible."

"Eh bien, attendez-moi. Votre voiture est là ? Bien ! Je veux voir le visage de Hammond quand il nous verra transporter ces cartons."

En riant, la jeune fille se dirigea vers les escaliers. Sur le seuil, elle s'arrêta.

"Une chose, M. le prince ! Promettez-vous solennellement, sur votre honneur , que le Masque de Minuit est mort à jamais ?"

"Sur mon honneur !" dit Gramont sérieusement. "La farce est terminée, Lucie."

"Très bien. J'arrive tout de suite. Fume si tu veux——"

Dans sa chambre à l'étage, Lucie ferma la porte et s'assit devant sa coiffeuse. Cependant, elle ne fit aucun mouvement vers la gamme d'articles de toilette. Au lieu de cela, elle a pris un téléphone de bureau sur la table et a appelé un numéro. En un instant, elle reçut une réponse.

"Oncle Jachin !" s'exclama-t-elle. "Oui, c'est exactement ce que nous pensions ; tout cela n'est qu'une blague. Non, ce n'était pas une blague non plus, parce qu'il avait un mobile derrière cela, mais il ne veut pas me dire ce que c'était. Je suis terriblement heureux que vous J'ai ouvert une de ces boîtes et j'ai trouvé la lettre – si vous étiez allé voir la police , cela aurait été parfaitement épouvantable… »

"Je ne vais jamais voir la police", a déclaré Jachin Fell avec son petit rire sec. — Vous êtes donc bien convaincu qu'il n'y a rien de grave dans cette affaire ?

"Absolument ! Il m'a dit qu'il avait accompli son dessein, quel qu'il soit, et que tout était terminé. Il vient de me donner sa parole que le Masquer était mort pour toujours . Maintenant, n'es-tu pas content de m'avoir confié ? "

"Très", a déclaré Jachin Fell. "Très content, en effet!"

"Maintenant, tu te moques de moi, peu importe ! Nous allons déjeuner en ville et nous enverrons ces cartons en chemin, par colis postal. Est-ce que ça va ?"

"Très bien, ma chère. C'est la méthode adoptée par les criminels les plus exclusifs et les plus insaisissables du pays, je vous l'assure. Chaque voleur de sac à main se débarrasse de ses sacs vides en les renvoyant au propriétaire - à moins qu'il ne soit d'abord attrapé. Il C'est payant de suivre l'exemple professionnel, comme l'a dit Eliza lorsqu'elle a traversé la glace. Votre robe est-elle venue pour ce soir ?

"C'est pour cet après-midi."

" Très bien. Ne compte pas porter de bijoux, Lucie. J'ai une parure à te prêter pour l'occasion, non, pas un cadeau, juste un prêt pour le bien de Comus. Ce sont de très belles perles ; un peu démodées. , parce qu'ils ont été montés pour les princesses de Lamballe , mais vous trouverez qu'ils s'accordent parfaitement avec votre robe. Je les apporterai avec moi lorsque je vous demanderai...

" Et je vous remercierai alors avec tendresse. Encore une chose : Henry Gramont va vous voir après le déjeuner, je pense… pour affaires. Et je veux que vous soyez gentil avec lui, oncle Jachin . "

"Très certainement", dit sèchement l'autre. "J'aimerais être associé aux affaires de ce jeune homme. L'entreprise prospérerait."

"Veux-tu arrêter de te moquer de moi ? Alors je raccroche, au revoir !"

Et, souriante, elle raccrocha.

Dix minutes plus tard, lorsque Gramont et Miss Ledanois entrèrent dans la voiture qui les attendait, Hammond aperçut les cartons qu'ils transportaient. Il se tenait près de la porte ouverte, paralysé, les yeux fixés sur les cartons, la bouche grande ouverte.

"A la poste , sergent", dit Gramont , affecté alors de constater sa stupéfaction. "Pourquoi, qu'est-ce qu'il y a ?"

Hammond croisa ses yeux pétillants, vit le rire de Lucie et déglutit difficilement.

"Je... euh... rien du tout, capitaine ," répondit-il d'une voix rauque. "Un... un petit sort d' étouffement , c'est tout. Bureau de poste ? Oui, monsieur."

# CHAPITRE VIII

## *Comus*

Dès qu'ils quittèrent la maison Lédanois avec Lucie, Gramont n'eut aucune possibilité de voir son chauffeur en privé jusqu'à ce que, plus tard dans l'après-midi, il quitte la Maison Blanche. Il avait eu un entretien tout à fait satisfaisant avec Jachin Fell. Les pensées de Gramont étaient si entièrement consacrées à l'affaire, en effet, que ce fut presque un choc de déboucher sur Canal Street et de voir tout le monde dans le monde ne penser qu'au carnaval aquatique et à la parade du Rex.

Quant au Masque de Minuit et au mystère des coffres à butin, tout cela avait complètement échappé à l'esprit de Gramont avant des choses plus vastes et plus importantes. La voiture l'attendait dans Royal Street, non loin du Monteleone, et Gramont s'en approcha pour trouver Hammond profondément inquiet de l'issue de l'entretien avec Fell.

"Eh bien, capitaine !" s'écria-t-il anxieusement tandis que Gramont s'arrêtait. "Tu souris , donc je suppose que ce n'est pas un pincement !"

Gramont rit gaiement. "Ces cartons ? C'est absurde ! Dites, sergent, vous avez dû avoir une peur bleue quand vous les avez vus !"

"Peur ? J'étais prêt à échouer, c'est tout ! Et comment diable sont-ils entrés chez *elle* ? Qu'est-ce qu'il y a derrière tout ça ?"

Gramont jeta un coup d'œil autour de lui. Il a accompagné Hammond jusqu'à l'avant de la voiture, où il pouvait parler sans être entendu des passants.

"Il semble que je me suis plus ou moins trompé en pensant que Fell était sur nos traces", expliqua-t-il d'un ton réfléchi. "Nous en avons parlé très franchement, et il a nié avoir connaissance des boîtes elles-mêmes. J'ai déduit des petites choses qu'il a laissées tomber qu'un criminel avait pillé les affaires de la voiture, et que cela a été porté à son attention hier à titre légal. ———"

"Capacité juridique, bon sang !" » renifla Hammond. "Tu as avalé tout ça ?"

"Ma capacité de déglutition était plutôt bonne", et Gramont rit. " Il paraît qu'il a ouvert une des caisses et qu'il a trouvé le mot que j'avais écrit. Cela expliquait l'affaire et, pour plaisanter, il a remis le butin à Mademoiselle Ledanois et elle s'est un peu amusée avec nous. , en fait, s'est avéré être un plutôt bon gars———"

"Il t'a sûrement distribué une belle lignée de taureaux !" commenta sauvagement Hammond. "Ce qui m'attire, c'est que vous tombiez amoureux de toute cette drogue ! On dirait que vous vouliez le croire, capitaine ."

"Peut-être que je l'ai fait." Gramont haussa les épaules. "Pourquoi pas ? Je n'ai aucune raison de ne pas le croire. La note indiquait clairement que nous n'étions pas des criminels ; maintenant toute l'affaire est réglée et réglée. Nous nous en sortons en bonne santé, si vous demandez. moi!"

"Vous avez dit quelque chose là", acquiesça Hammond, non sans un soupir de soulagement. "Très bien, si tu le dis, seulement je ne suis pas sûr de ce Fell——"

"Ne vous inquiétez pas. Les affaires ont été rendues et l'affaire est maintenant close. Nous pouvons tout oublier du Masque de Minuit. Maintenant, il y a une autre chose, plus importante, dont je veux vous parler, une question d'affaires—— "

"Attendez, capitaine !" interrompit Hammond doucement , l'œil fixé sur un endroit derrière Gramont . "Un de tes amis se dirige vers nous, et si j'en sais quelque chose, il a du sang dans les yeux."

Gramont se tourna pour voir Bob Maillard approcher. Ce dernier s'adressa à lui sans répondre à son salut.

"Avez-vous un moment à perdre, Gramont ?"

"Tout l'après-midi", répondit gaiement Gramont . Il affecta de ne pas remarquer l'air lourd de travail de Maillard, ni la suspicion renfrognée qui se cachait à moitié voilée dans les traits menaçants de l'autre. "Au fait, j'ai recherché un monument de la Nouvelle-Orléans sans grand succès : l'établissement de gin fizz Ramos. Il semble avoir disparu !"

"C'est vrai", répondit Maillard avec aigreur. "La prohibition l'a tué, comme elle tue tout. François a emménagé en septembre dernier du Vieux 27, et c'est devenu son restaurant maintenant. Mais regarde là, Gramont !" Les deux hommes se tenaient un peu l'un à l'autre et Hammond s'affairait avec l'un des phares, mais Gramont soupçonnait que le chauffeur écoutait avidement. "Je reviens tout juste d'une conversation avec papa. Comment se fait-il que tu lui aies vendu tes actions dans l'entreprise ?"

Gramont sourit un peu. Il s'amusait de voir Maillard s'efforçant de contenir un accès de colère.

« Il se trouve que j'avais besoin d'argent. Pourquoi ?

"Mais pourquoi diable n'as-tu pas conservé ces actions ? Ou si tu avais besoin d'argent, pourquoi n'es-tu pas venu me voir ?" explosa l'autre, en colère.

"Cieux!" » dit Gramont d'une voix traînante , qui voulait bien exaspérer à l'extrême le jeune Maillard. " Vous semblez terriblement inquiet à ce sujet ! Quelle est la grande idée, de toute façon ? Je ne me souviens pas que l'un d'entre nous ait conclu un accord pour ne pas vendre si nous le voulions. J'ai offert les actions à votre père à prix réduit. Il s'est rendu compte que c'était un bon achat et je l'ai pris. Qu'est-ce qui ne va pas avec ça ?

"Rien de mal, si vous le dites ainsi", a lancé Maillard avec colère. "Mais c'est une façon sacrément sournoise de faire les choses———"

"Maintenant, attends là !" Le sourire facile de Gramont disparut. " Je n'accepte pas ce genre de discours, Maillard. Encore une insinuation de ce genre, et tu auras besoin d'un masque au bal ce soir, je te le promets ! Je vais te montrer comme je suis rusé, mon ami. " ! Je pars demain matin pour commencer à travailler sur le rapport que je devais rédiger . Lorsque le rapport arrive, ma démission l'accompagne."

"Très bien. Laissez-le venir ici et maintenant, alors." Le ton de Maillard était laid. "Si vous êtes si blâmé et impatient de quitter l'entreprise, sortez !"

"Merci. Je serai heureux d'être relevé de ce travail." Gramont se tourna et s'adressa à son chauffeur. "Hammond, tu te souviendras gentiment de cette conversation, au cas où ton futur témoignage serait nécessaire———"

"C'est confondant, qu'est-ce que tu veux dire en parlant de cette façon ?" s'écria Maillard. "Pensez-vous que je vais nier votre licenciement ?"

"Je m'en fiche que vous me fassiez part de vos réflexions sur mes actions, Maillard", dit Gramont d'un ton égal. "Mon attitude dans cette affaire est parfaitement ouverte et honnête, ce qui est plus que ce que vous pouvez dire de vos actes."

"Quoi?" Maillard serra son bâton et fit un pas en avant, la colère montant sur son visage. "Qu'est-ce que tu veux dire ?"

" Exactement ce que je dis, et peut-être puis-je le prouver. Vous vous souvenez de la société pétrolière à laquelle vous avez persuadé votre précieux père de vendre une partie des terres du bayou de Mlle Ledanois ? Vous souvenez-vous de la société immobilière à laquelle vous l'avez persuadé de vendre sa paroisse de Saint-Landry. propriété ? Vous aviez des intérêts dans les deux sociétés ; je n'imagine pas que vous voudriez que votre part dans ces transactions soit exposée. De plus, je comprends tout à fait votre indignation face au fait que je me sois débarrassé de ce stock avant le krach, et cela vous va mal. adopter une telle attitude.

Maillard le regarda pendant un long moment, une marée rouge de rage inondant et refluant de son visage lourd. Puis, se maîtrisant, il se retourna et s'éloigna sans autre mot.

"Hourra!" » observa Hammond quand il fut parti. " Capitaine , ce type est hors de vous à vie ! Je parie qu'il aimerait vous rencontrer seul par une nuit sombre ! "

Gramont secoua la tête. "C'est un mauvais ennemi, d'accord. Tiens, monte dans la voiture !"

Il monta à côté de Hammond.

" Ne conduisez pas, je veux vous parler. Maintenant que Maillard m'a dispensé de tout rapport à sa société, je suis libre et heureux de l'être ! J'ai parlé affaires avec M. Fell. , et je dois avoir ma propre entreprise.

"Avec lui?" Hammond renifla.

"Oui. Il met son argent contre le mien, et nous allons chercher du pétrole sur des terres appartenant à Miss Ledanois . Ce sera une société fermée, et si nous trouvons du pétrole, nous aurons tous les trois une bonne chose. " Nous pouvons faire faillite, et nous pouvons devenir riches ; si vous économisez une pièce de votre salaire et que vous avez envie de parier, je vous procurerai une partie des actions une fois que M. Fell aura mis les choses en ordre. " Vous je peux y réfléchir———"

"Je ne veux pas y réfléchir", interrompit Hammond avec impatience. "Je suis là, ici et maintenant - et c'est certainement très gentil de votre part, capitaine ! Dites, je n'ai pas eu l'occasion de vous le dire avant, mais j'ai tiré deux cents à la loterie la semaine dernière - —"

"Loterie!" Gramont le regarda vivement. "Quelle loterie ?"

Hammond avait l'air un peu penaud. "Eh bien, c'est illégal, bien sûr, mais ils les conduisent quand même. Une bande de chauffeurs ici en sont conscients; ils ont mis de l'argent pour moi la semaine dernière, et comme je le disais " "

Gramont hocha la tête. "Eh bien, nous verrons plus tard. Vous êtes libre jusqu'au matin, sergent. Je vais ce soir au bal des Comus en tant qu'invité des Lavergne , et ils m'appelleront. Amusez-vous, restez à l'écart. prison, et sois prêt à partir à six heures du matin pour Terrebonne.

Quittant Hammond pour rentrer chez lui en voiture, Gramont se dirigea vers Canal Street pour se mêler à la foule du carnaval et se délecter de son nouveau sentiment de liberté. Maintenant qu'il était son propre maître, il se sentait comme un homme nouveau.

Du jour au lendemain, semblait-il, tout poids était tombé de ses épaules. Sur la partition de Midnight Masquer, il fut grandement soulagé ; tout cela était fini et oublié. Financièrement, il avait réalisé ce qui n'était rien de moins qu'un triomphe magistral. D'un point de vue commercial, il était libre de tout lien et pouvait espérer une action décisive pour lui-même et pour celui d'un partenaire en qui il pouvait avoir une totale confiance.

C'est ainsi qu'il commença pour la première fois à vraiment profiter du Mardi Gras et à se plonger dans la foule bouillonnante avec une liberté et une légèreté qui n'étaient plus les siennes depuis des années.

C'était le moment pour l'esprit du carnaval de s'emparer de lui, et c'est ce qui s'est produit. Avec un abandon enfantin, il parcourait joyeusement les rues, échangeant des plaisanteries et des confettis, des bousculades et des coups de vessie, des rires et des baisers. La folie et la gaieté téméraire étaient dans l'air, et Gramont but à grands coups de ces toniques de jeunesse. Quand enfin il rentra chez lui à sa pension, il avait mal aux pieds, fatigué, désorganisé et ébouriffé – et très heureux. Le vin de la camaraderie humaine est un bon vin.

Ce soir-là, le bal Comus, la fête la plus exclusive de l'aristocratie la plus exclusive du sud, remplissait l'édifice dans lequel il se tenait au complet. Ici, la tenue de soirée était prescrite à tous les invités. La Krewe de Comus seule était masquée et costumée, dans des costumes grotesques et magnifiques qui étaient en préparation depuis des mois. Le Krewe est au sud ce que le Bohemian Club est à la côte ouest, avec en plus le mystère.

Malgré les réjouissances du Krewe, malgré les bijoux scintillants, les costumes barbares, la musique, l'excitation, un air indéfinissable de regret, presque de tristesse, imprégnait toute la réunion. Ce sentiment devait être ressenti plutôt que observé de manière définitive. Certains dirent, par la suite, que c'était une prémonition du terrible événement qui allait se produire cette nuit. Faux! En effet, pour la première fois depuis de nombreuses générations, le bal du Comus a eu lieu dans l'un des bâtiments publics les plus récents au lieu de son lieu habituel. Tout le monde en parlait. Même Maillard le banquier, cet homme froid des dollars, en parlait avec inquiétude lorsque Gramont le rencontrait dans le fumoir.

"Ça ne ressemble pas à Comus", dit Maillard avec un froncement de sourcils vexé. "Et dire que nous venions de finir de redécorer l'Opéra lorsqu'il a brûlé ! Comus ne sera plus jamais le même."

"Je ne savais pas qu'on pouvait ressentir une telle émotion pour un immeuble en ruine, Maillard", dit Gramont avec légèreté. Le banquier haussa légèrement les épaules.

"De l'émotion ? Non. Des regrets ! Aucun d'entre nous, qui a été élevé dans les traditions de la ville mais qui considérait l'Opéra français comme le centre de toute notre vie riche. Vous ne pouvez pas le comprendre, Gramont ; aucun étranger ne le peut. Au fait, tu n'as pas vu Bob ? Il est déguisé, mais il t'a peut-être parlé———"

Gramont répondit par la négative, légèrement surpris de la question.

Il ne fallut pas longtemps avant qu'il comprenne plus pleinement ce que la perte de l'ancien Opéra français signifiait pour l'assemblée. Il entendait de toutes parts des comparaisons, des allusions regrettables, des soupirs pour les jours qui n'étaient plus.

Ce bâtiment actuel, certes, était l'un des plus beaux de la ville, moderne à tous points de vue, avec beaucoup d'espace — et pourtant tout le monde disait que Comus ne serait plus jamais le même. De nombreuses générations se sont accrochées à l'Opéra. C'est également à ce sujet que l'affection du peuple s'était attachée avec une férocité au-delà de la raison. Des bâtiments plus célèbres avaient été laissés à l'abandon, comme l'Hôtel Royale, mais l'Opéra avait été maintenu en réparation pour le Mardi Gras. C'était en soi un point de repère. Rien d'autre ne serait jamais pareil.

De sa place dans la loge Lavergne, Gramont se contentait, en début de soirée, du rôle commun à tous les « blouses noires », celui de regarder sans rien faire. Plus d'une fois il vit Lucie Lédanois appelée, entre autres gens du beau sexe, comme partenaire de danse de quelque membre de la Krewe. Cependant, aucun des invités masculins n'était autorisé à participer aux festivités avant l'arrivée de Rex et de sa reine, à minuit ; ainsi, Gramont n'a presque rien vu de Lucie pendant la soirée.

Il y avait, inévitablement, plus ou moins de visites dans les loges et les foyers, et pas mal de farniente dans le fumoir. Le bâtiment était une structure immense et richement meublée. Seule une partie était utilisée par le Krewe ; le reste était bien entendu déserté pour le moment.

Alors qu'il était à la recherche de compagnons de fumage, Gramont rencontra plusieurs de ses connaissances, parmi lesquelles le docteur Ansley et Jachin Fell. Afin de profiter du El Reys proposé par Fell dans une atmosphère un peu plus claire, ces trois-là se dirigèrent ensemble vers l'un des passages inutilisés menant à d'autres parties du bâtiment. Ils ouvrirent une fenêtre et regardèrent la foule qui affluait dans la rue en contrebas, augmentant constamment à mesure que l'heure avançait, car la procession de Rex valait bien la peine d'être vue et personne n'avait l'intention de manquer de quoi que ce soit en cette nuit des nuits.

Soudain, au bruit d'un pas qui s'approchait, les trois hommes se retournèrent. Les lumières électriques allumaient tous les couloirs et ils s'aperçurent que l'individu qui s'approchait d'eux était un membre de la Krewe de Comus. Il devint évident qu'il accordait aussi une part de son allégeance à Bacchus, car ses pieds étaient visiblement instables. Il était vêtu d'un costume particolore , couronné par une tête exagérée de Méphisto .

"Bonsoir à vous, dignes messieurs !" Il s'arrêta brusquement et resta là, riant des regards des trois. "Soir, dis-je."

Ils ont répondu à ses paroles teintées d'alcool par une réponse riante.

" Je me demande qui je suis, n'est-ce pas !" il a eu le hoquet . "Eh bien, ne vous étonnez pas ; ' sall entre vieux 'amis ce soir ! Vous savez quoi, mes amis, venez avec moi et je vous trouverai un petit verre, hein ? Pas d'alcool interdit, sur moi" honneur ; ce vrai vieux Boone pince à cou – je l'ai obtenu de quelques garçons à Louisville, je l'ai gardé pour ce soir. »

Il secoua la tête et poursuivit son sujet avec un élan d'assurance confidentielle à moitié maudlin. Une main instable s'agita dans le couloir.

"Je fais une petite fête dans l'une des pièces", a-t-il poursuivi. " Nous tous, amis, c'est bien plus amusant que de danser ! Et dites ! Je vais faire quelque chose de génial, absolument génial ; vous ne voulez pas le manquer, messieurs ! Vous venez avec moi et je vais le réparer pour Allez, Gramont , c'est un bon garçon ! Toi et moi, j'ai eu un désaccord aujourd'hui, ce n'est pas grave ce soir, rien n'a d'importance ce soir, rien du tout. Mardi Gras n'arrive qu'une fois. un an, hein ? Venez, maintenant.

Jachin Fell refusa très poliment l'invitation, tout comme les autres. Gramont , qui reconnut désormais leur interlocuteur, fut moins civil dans son refus. Méphisto remuait tristement son énorme casque et les regardait avec un regret vineux.

" Plus de joie en toi ? Mieux vaut venir. Dis-toi, j'ai la plus grosse blague de la saison prête à réussir, quelque chose de riche ! Gramont , allez ! "

"Merci, non", répondit sèchement Gramont .

Le masqueur abandonna la lutte et poursuivit son chemin dans le couloir vide. Les trois « blouses noires » regardèrent en silence jusqu'à ce que la silhouette grotesque ait disparu.

"Je me demande qui c'était, maintenant ?" songea le docteur Ansley en fronçant les sourcils. " Evidemment, quelqu'un qui nous connaissait ; au moins, il t'a reconnu, Gramont . "

" C'est ce qu'il semblait, " dit Jachin Fell. Son ton, comme ses yeux, contenait un feu sombre . " Une fête avec eux en train de boire, hein ? ça va créer des ennuis. Le Krewe n'aimera pas ça. Dix contre un, ce jeune homme et ses amis vont déclencher un beau scandale et le Krewe s'en prendra à eux durement... très dur. Qui était-il, Gramont ? On aurait dit... »

"Le jeune Maillard." À la réponse de Gramont, un coup de sifflet retentit du docteur Ansley. Jachin Fell acquiesça.

"Vous m'avez enlevé les mots de la bouche. Alors Bob boit encore, hein ? Et ils ont occupé une des chambres quelque part et profitent seuls d'un peu d'alcool et d'une partie de cartes. Maudit que ça glisse, comme l'a dit Eliza. quand elle traversera la glace ! La Krewe les expulsera. Bonjour, Gramont , où aller ?

Gramont jeta son cigare par la fenêtre ouverte.

"Je pense que je vais faire mes adieux, Fell. J'ai l'intention de me lever tôt le matin et de me mettre au travail——"

"Quoi?" protesta Ansley avec étonnement. "Tu dois rester jusqu'à ce que Rex arrive, au moins ! Eh bien, c'est l'événement du carnaval ! La soirée n'a pas encore commencé."

"Je vieillis et je suis sobre, docteur", rit Gramont . " À vrai dire, " et il lança à Fell un regard fantaisiste, " je suis éperdument occupé dans de nouvelles affaires qui m'ont en fait enflammé avec le souffle divin de l'enthousiasme. De plus, j'ai dérivé avec la foule tout l'après-midi, et je viens juste de commencer à réaliser que je suis mort de fatigue. Rex ou pas Rex, j'ai bien peur de devoir vous dire bonne nuit, messieurs.

Gramont persista dans son intention et souhaita bonne nuit aux deux autres. En vérité, il se souciait très peu de Rex et beaucoup de se rendre tôt le matin au Bayou Terrebonne. La question du pétrole remplissait son esprit. Il avait formé mille projets, il était enthousiasmé et avait hâte de faire son enquête préliminaire.

De retour à la salle, Gramont retrouva ses hôtes et fit ses adieux, non sans rencontrer quelques oppositions. Enfin, il fut libre, il avait récupéré son chapeau et son manteau, et en sortant du bâtiment, il rencontra de nouveau Fell et Ansley, qui finissaient leurs cigares à l'entrée. Il leur dit un dernier adieu et se plongea dans la foule.

Il manquait une demi-heure de minuit. Les rues étaient remplies de fêtards qui rendaient la nuit tumultueuse avec des chants, des cris et des appareils bruyants, anticipant l'arrivée de Rex. Fell et le docteur Ansley restèrent un moment à discuter, puis jetèrent leurs cigares et se dirigèrent vers le bâtiment.

Ils s'arrêtèrent dans le hall devant l'apparition de deux hommes : Joseph Maillard, l'air extrêmement agité, et derrière lui le vieux juge Forester, qui avait une expression nettement inquiète.

"Ah, voici Fell et Ansley !" s'écria Maillard presque soulagé. « Je… ah… mes amis, je suppose que vous n'avez pas vu Bob récemment ?

Ansley resta silencieux. Jachin Fell, cependant, répondit par un froid signe d'assentiment.

"Oui," dit-il de son ton particulièrement atone. "Oui, nous l'avons fait. Au moins, je crois que c'était lui———"

— Je suis inquiet, dit Maillard anxieux, précipitamment. Il fit un geste expressif de désespoir. "Il est en costume, bien sûr. On m'a fait comprendre que... eh bien, qu'il avait... eh bien, bu."

"Il l'a fait", a déclaré Jachin Fell, sans aucune trace de compassion. « Un certain nombre de Krewe occupent l'une des pièces du bâtiment, et ils doivent y avoir fréquemment visité. J'espère pour vous que ce fait n'est pas devenu largement connu à l'intérieur ?

Maillard hocha la tête. La honte et la colère pesaient lourd dans ses yeux.

"Oui, Jachin . On m'a demandé d'exercer mon influence sur Bob. La demande m'est venue de la salle. C'est une chose honteuse à admettre, mes amis..."

Le juge Forester, avec sa gentillesse, posa la main sur le bras du banquier.

« Tut, tut, Joseph, » dit-il doucement, avec un fond de sympathie dans la voix. "Les garçons resteront des garçons, tu sais ; vraiment, ce n'est pas grave ! Ne te laisse pas frapper si fort. Je t'accompagnerai pour trouver la chambre, bien sûr. Où est-elle, Jachin ?"

"Nous y allons tous", dit Ansley. "Nous ferons une petite fête à nous, messieurs. Allez, je crois que nous pourrons découvrir les lieux."

Les quatre hommes quittèrent le hall et se dirigèrent vers les couloirs. Il y avait parmi eux une entente tacite, un profond sentiment de sympathie pour Joseph Maillard, un lien qui les tenait à son secours dans cette disgrâce qui lui était arrivée. Jachin Fell, qui éprouvait la moindre compassion ou pitié, a maudit Bob Maillard, mais à voix basse.

Ils traversèrent les couloirs vides et éclairés, suivant la direction dans laquelle Fell et Ansley avaient vu disparaître le jeune Maillard.

" J'ai entendu dire ", dit le juge Forester au docteur Ansley, alors qu'ils suivaient les deux autres, " qu'il y a eu aujourd'hui des nouvelles étonnantes en provenance du Masque de Minuit. Il semble qu'un certain nombre de personnes aient récupéré leurs biens cet après-midi : pillez les lieux. bandit avait pris. Il est arrivé par courrier, livraison spéciale. Un des garçons de Lavergne me raconte qu'ils ont reçu une boîte contenant tout ce qui a été emporté chez eux, même en espèces, avec un mot leur demandant de rendre les choses à leurs invités. Après tout, il semble que ce soit une sorte de blague de carnaval. »

"Une mauvaise, donc," répondit Ansley, "et d'un goût douteux. Je n'en ai rien entendu. Cela ne me dérangerait pas de récupérer le peu d' argent que j'ai perdu, même si je dois dire que je croirai à l'histoire quand je le ferai. voir l'argent——"

Il s'interrompit rapidement.

Alors qu'ils tournaient au coin du couloir, les quatre hommes se rendirent compte qu'ils avaient atteint leur objectif. Depuis l'une des pièces en face, des bribes de chœurs bruyants retentissaient avec vigueur. Alors qu'ils s'arrêtaient pour distinguer de quelle porte venait le chant, le chœur fut interrompu par un silence brusque et soudain. Ce silence était accentué par le bruit précédent, comme si les chanteurs avaient arrêté leur chant larmoyant en cours de carrière.

"Bon sang!" murmura Maillard. "Nous ont-ils entendu arriver ? Non, cela ne leur poserait aucun problème, mais qu'est-ce qui les a arrêtés si rapidement ?"

"Cette porte", dit Fell, en désignant une à leur droite. Il s'arrêta, écoutant, et sur ses traits apparut une expression singulière. Alors que les autres le rejoignaient, ils entendirent un faible murmure de voix, un bruit de conversation feutré, un râle alors qu'un certain nombre de jetons tombaient d'une table.

"Maudit pédé !" observa Jachin Fell en fronçant les sourcils. "Je me demande ce qui leur est arrivé si brusquement ? Peut-être que l'affaire était conclue : ils jouent un jeu. Eh bien, vas-y, Joseph ! Nous te soutiendrons en tant que députation des tuniques noires, et si tu as besoin d'un soutien moral , appelez le juge Forester.

"Correct!" » acquiesça dignement ce monsieur. "Je vais donner un petit conseil à ces jackanapes ! Ça va un peu loin, ce genre de chose ; on ne peut pas faire de Comus une vulgaire beuverie. Prêt, Joseph ?"

Il ouvrit grand la porte, et Maillard entra à ses côtés. Ils s'arrêtèrent alors surpris, à la vue de la scène qui les accueillait.

La pièce était grande et bien éclairée, les fenêtres et les impostes étant obscurcies pour l'occasion. La fumée du tabac formait une brume bleuâtre dans l'air. Au centre de la pièce se trouvait une grande table, jonchée de verres et de bouteilles, de cartes éparpillées, de jetons et d'argent.

Autour de cette table étaient assis une demi-douzaine de membres de la Krewe de Comus. Mais à présent, ils étaient debout, leurs diverses identités étant complètement dissimulées par les costumes grotesques qui les enveloppaient. Leurs mains étaient en l'air.

Debout devant une autre porte, à mi-chemin entre leur groupe et celui des quatre intrus inattendus , se trouvait le Midnight Masquer, les retenant au point de son automatique !

Il y eut un moment de silence tendu et tendu, alors que tous les regards se tournèrent vers les quatre hommes en tenue de soirée. Ce qui avait interrompu cette chanson bruyante était évident : le Masquer avait dû faire son apparition un instant ou deux auparavant. Des pieds à la tête , il était caché sous ses vêtements de cuir. Ses traits méconnaissables, à cet instant, étaient légèrement tournés vers les quatre nouveaux arrivants. Il était évident que lui, tout autant que les autres, était surpris par cette entrée.

Maillard fut le premier à briser ce silence de stupéfaction.

« Par le ciel ! » s'écria-t-il furieusement. "Voici encore ce foutu méchant - tenez-le, vous ! contre lui, tout le monde !"

Dans une rage aveugle, transporté hors de lui-même par son brusque accès de passion, le banquier se précipita en avant. Du bandit jaillit un cri d'avertissement futile ; le pistolet qu'il tenait à la main se tourna vers son agresseur.

Cette action a précipité l'événement. Peut-être parce que le Masquer n'a pas tiré instantanément, et peut-être parce que l'action folle de Maillard leur a fait honte, les membres les plus proches de la beuverie se sont précipités sur le bandit. La menace de l'arme a été oubliée, ignorée dans le désir dévastateur de la chasse à l'homme. Il semblait que cet individu avait peur de tirer ; et autour de lui la troupe se refermait en une masse déferlante, avec une explosion de cris soudains, frappant et s'agrippant pour l'abattre et le mettre aux pieds.

Puis, quand il sembla qu'ils l'avaient eu sans lutte, le Masquer se détacha d'eux, les balaya, les jeta, les projeta au loin. Il se déplaça comme pour sauter par la porte latérale d'où il venait.

En jurant, Maillard se précipita, frappa aveuglément et furieusement le bandit et l'attacha par la taille. Il y eut une vague de corps alors que les autres se rassemblaient pour abattre le Masquer avant qu'il ne puisse s'échapper. On aurait alors eu l'impression qu'il était effectivement perdu, jusqu'à ce que l'automatique s'enflamme et rugisse dans sa main, ses vapeurs étouffantes explosant sur eux. La détonation tonnait dans la salle ; une seconde détonation retentit, assourdissante, alors qu'une seconde balle cherchait sa cible.

Comme un léger écho à ces tirs, on entendit le claquement d'une porte. Le Masquer était parti !

Après lui, dans la pièce la plus éloignée, se précipitèrent quelques-uns des convives ; mais il avait complètement disparu. Il n'y avait aucune trace de lui. Bien sûr, il aurait pu se cacher dans n'importe quelle pièce sombre ou courir dans le couloir, mais sa disparition complète a dérouté les chercheurs. Mais après un moment, ils retournèrent dans la pièce éclairée. Le Masquer avait disparu, mais derrière lui était resté un masque plus sinistre et plus terrible .

Cependant, dans la pièce qu'il venait de quitter, régnait un silence et une consternation épouvantables. L'un des buveurs masqués tenait un bras qui pendait, impuissant, dégoulinant de sang ; mais sa blessure est passée inaperçue et ignorée, même par lui-même.

Le docteur Ansley était agenouillé au-dessus d'une silhouette immobile, allongée sur le sol sale ; et c'était la figure de Joseph Maillard. Le médecin leva les yeux, puis se releva lentement. Il fit un geste terriblement significatif, et sa voix nette rompit le silence consterné.

"Mort", dit-il sèchement. « Tiré de deux balles — chaque balle dans le cœur. Juge Forester , je crains qu'il n'y ait pas d'autre alternative que d'appeler la police. Messieurs, vous aurez la gentillesse de démasquer — lequel d'entre vous est Robert Maillard ?

silence abasourdi et horrifié, les membres du Krewe ôtèrent un à un leur couvre-chef grotesque, fixant le mort dont le visage blanc les regardait avec un air d'accusation sombre. Mais aucun d'eux ne s'est manifesté pour revendiquer une parenté avec le mort. Bob Maillard n'était pas dans la salle.

"Je pense", dit la voix neutre et égale de Jachin Fell, "que vous feriez tous mieux, messieurs, de faire très attention à ne dire que ce que vous avez vu et savez. Vous aurez la gentillesse de rester ici jusqu'à ce que j'aie appelé la police."

Il quitta la pièce, et s'il y avait une sombre implication cachée dans ses paroles, personne ne semblait l'observer.

# CHAPITRE IX

## *Sur le Bayou*

À TROIS heures du matin, un grand immeuble de bureaux n'est peut-être pas l'endroit le plus désolé du monde ; mais cela se rapproche de très près de cette définition.

A trois heures du matin du mercredi des Cendres, le grand bâtiment blanc de la Maison Blanche était désert et désolé, en ce qui concerne ses bureaux. Les femmes de ménage et les laboureuses avaient depuis longtemps terminé leur travail et étaient parties. Dans les rues, les fins du carnaval avançaient sur une marée descendante rapide. Un seul ascenseur était cependant utilisé dans le bâtiment. Une seule suite de bureaux, aux stores soigneusement tirés, était éclairée et occupée.

Ils n'étaient pas ornés, ces bureaux. Ils se composaient de deux pièces, d'une petite salle de réception et d'un grand bureau privé, tous deux tapissés jusqu'au plafond de livres, principalement de livres de droit. Dans la grande pièce intérieure étaient assis trois hommes. L'un des trois, Ben Chacherre , était assis sur une chaise appuyée contre le mur, les yeux fermés. De temps en temps , il ouvrait ses yeux noirs étincelants et, à travers ses paupières étroites, jetait des regards vifs sur les deux autres hommes.

L'un des hommes était le chef de la police. Le deuxième était Jachin Fell, dont se trouvaient les bureaux.

"Même si les choses sont comme vous le dites, ce dont je n'ai aucun doute", dit lentement le chef, "je n'arrive pas à croire que le garçon l'ait fait ! Et bon sang, si je le pince, il va y avoir du mal. " un sacré scandale !"

Fell haussa les épaules et répondit de sa voix atone :

"Chef, vous êtes confronté à des faits. Ces faits vont forcément éclater et les journaux vous cloueront au mur dans une minute. Vous avez une infime chance de vous sauver en accueillant immédiatement le jeune Maillard."

Le chef mâchait fort son cigare. "Je ne veux pas me sauver en mettant le mauvais homme derrière les barreaux", a-t-il répondu. « On dirait bien qu'il était le Masquer pendant tout ce temps, mais vous dites que ce n'est pas le cas. Vous dites que c'était son seul travail – une blague qui a mal tourné.

"Ce sont les faits", a déclaré Fell. "Je ne veux pas accuser un homme de crimes que je sais qu'il n'a pas commis. Nous avons les meilleures preuves qu'il a commis ce crime. Si les journaux lui imputent toute l'affaire Midnight

Masquer, comme ils sont sûrs de le faire, nous n'y pouvons rien. Je n'ai aucune sympathie pour ce garçon.

" Bien sûr qu'il l'a fait", répond Ben Chacherre , endormi. "N'a-t-il pas été attrapé avec la marchandise ?"

Les autres n'y prêtèrent aucune attention. Le chef montra deux premières éditions des journaux du matin, qui se trouvaient sur le bureau devant Fell. Ces journaux contenaient des comptes rendus complets du retour du butin de Midnight Masquer, expliquant ses vols comme faisant partie d'une plaisanterie de carnaval.

« Les éditions ultérieures, qui sortent maintenant », dit le chef, « élimineront toutes ces histoires de la Une avec le meurtre de Maillard. Bon sang, Fell ! Que je le croie ou non, je devrai arrêter le jeune. idiot."

Chacherre rit. Jachin Fell sourit faiblement.

"Rien ne pourrait être plus clair, chef", répondit -il . "D'abord, Bob Maillard vient nous voir devant l'Opéra et nous raconte une belle blague qu'il va lancer à ses amis d'en face..."

"Comment saviez-vous qui il était ?" interrompit astucieusement le chef.

" Gramont l'a reconnu ; Ansley et moi avons confirmé cette reconnaissance. Il était plus ou moins ivre, surtout plus. Or, le jeune Maillard n'était pas dans la pièce au moment du meurtre, à moins qu'il ne soit le Masquer. Cinq minutes après, il a été retrouvé. dans une pièce voisine, changeant à la hâte de son uniforme d'aviateur pour son costume de mascarade. De toute évidence, il avait pris l'apparence du Masquer pour plaisanter avec ses amis, et la plaisanterie a eu une fin tragique. service de l'aviation pendant la guerre, et l'uniforme était également à portée de main. On ne pouvait faire croire à personne qu'il n'avait pas toujours été le Masquer !

"Bien sûr", et le chef hocha la tête, perplexe. « Ce serait un cas clair — seulement si vous m'appeliez et disiez qu'il *n'était pas* le Masquer ! Bon sang, Fell, cette chose a ma chèvre !

"Quelle est l'histoire de Maillard ?" frappé à Ben Chacherre .

"Il nie tout", dit le chef inquiet. "Selon son histoire, qui sonnait clairement telle qu'il la raconte, il avait l'intention de faire une blague à ses amis et il s'habillait avec le costume du Masquer lorsqu'il a entendu les coups de feu. Il affirme que les coups de feu l'ont surpris et l'ont fait revenir en arrière. " Il jure qu'il n'était pas du tout entré dans l'autre pièce, sauf avec ses vêtements de mascarade. Il dit que le meurtrier devait être le vrai Masquer.

C'est assez probable, car toute la foule du jeune Maillard était au courant de la fête qui devait avoir lieu à cette pièce pendant le bal Comus———"

"Peu importe", dit froidement Fell. "Chef, c'est une affaire ouverte et fermée ; le garçon était obligé de mentir. Qu'il ait tué son père était un accident, bien sûr, mais néanmoins cela a eu lieu."

"Le garçon est en ruine en ce moment." Le chef tenait une allumette avec son cigare éteint. "Mais tu dis qu'il n'est pas le Masquer original ?"

"Non!" Fell parla rapidement. "Le Masquer original était une autre personne et n'avait rien à voir avec la présente affaire. Cette information est confidentielle et entre nous."

"Oh, bien sûr", acquiesça le chef. "Eh bien, je suppose que je dois retirer Maillard, mais je déteste le faire. J'ai le pressentiment qu'il n'est pas le bon parti."

"Homme vertueux !" Fell eut un léger sourire. « D'après tous les livres, le chef de la police n'est que trop heureux de faire imputer le crime à qui que ce soit… »

« Au diable les livres ! renifla le chef et se pencha sérieusement en avant. "Regarde ici, Fell ! Crois-tu dans ton cœur que Maillard a tué son père ?"

Fell resta silencieux un moment sous cet examen attentif.

"D'après les preuves, je suis forcé, contre ma volonté, d'y croire", dit-il enfin. "Bien sûr, il pourra prouver qu'il n'était pas le Masquer lors d'occasions précédentes ; ses alibis s'en occuperont. Jusqu'au meurtre, son histoire est bonne. Et, mon ami, il y a une chance – une chance très mince et ténue – que toute son histoire soit vraie. Dans ce cas, une autre personne doit être apparue sous le nom de Masquer, ce qui semble improbable… »

"Ou bien," répondit doucement Ben Chacherre , "le vrai Masquer original est apparu!"

Il y eut un instant de silence. Jachin Fell regardait son acolyte avec des yeux gris fixes. Ben Chacherre accueillit ce regard avec presque une trace de défi. Le chef fronça les sourcils sombrement.

"Oui", dit le chef. " C'est la taille, Fell. Tu gardes le silence sur le nom du vrai Masquer ; pourquoi ? "

"Parce que," dit calmement Fell, "je sais qu'il était dans l'auditorium au moment du meurtre."

Encore une fois le silence. Ben Chacherre fixait Fell, avec étonnement et admiration dans le regard. "Quand le maître ment, il ment magnifiquement !" murmura-t-il en français.

"Eh bien," et le chef fit un geste désespéré, "je suppose que cela laisse échapper le vrai Masquer, hein ?"

"Exactement", acquiesça Fell. "Inutile d'y glisser son nom. Je continuerai à travailler là-dessus, chef, et s'il arrive quelque chose qui innocente le jeune Maillard, j'en serai très heureux."

"Très bien", grogna le chef et il se leva. "Je serai en route."

Il est parti. Ni Fell ni Chacherre ne bougèrent ni ne parlèrent pendant un espace. Quand enfin le bruit de la porte de l'ascenseur retentit dans les couloirs déserts Ben Chacherre se glissa de sa chaise et se dirigea vers la porte extérieure. Il jeta un coup d'œil dans le couloir, ferma la porte et, avec un signe de tête, retourna à sa chaise.

"Bien?" Jachin Fell le regarda avec attention, des yeux scrutateurs. "Avez-vous une lumière à jeter sur cette occasion ?"

de Chacherre n'était jamais visible lorsqu'il parlait avec M. Fell.

"Non," dit-il en secouant la tête. "Hammond a travaillé sur la voiture jusqu'à neuf heures environ, puis il s'est mis au lit, je suppose. J'ai quitté mon travail à dix heures et sa lumière était éteinte depuis un certain temps. Eh bien, maître, c'est une affaire étrange ! Il n'y a pas de problème. je doute que Gramont l'ait tiré, hein ?

"Tu penses?" demanda Fell.

Chacherre fit un geste d'assentiment. " *Quand bois tombé , cabré monté* : quand l'arbre tombe, l'enfant peut y grimper ! N'importe quel imbécile peut voir que Gramont était l'homme idéal. Vous ne le pensez pas vous-même, maître ? »

Jachin Fell hocha la tête.

"Oui. Mais nous n'avons aucune preuve, tout est contre le jeune Maillard. De bon matin, Gramont se rend au Paradis pour examiner cette terre de Miss Lédanois , le long du bayou. Il ne dira probablement rien de ce meurtre à Hammond, et le Il se peut que le chauffeur ne s'en rende compte qu'au bout d'un jour ou deux : ils reçoivent peu de journaux là-bas.

" Descendez à Paradis demain matin, Ben ; prenez contact avec Hammond et découvrez à quelle heure Gramont est rentré ce soir. Écrivez-moi ce que vous découvrirez. Ensuite, prenez en charge les choses chez les Gumbert . Assurez-vous que chaque voiture est bien géré. Un homme du quartier général de Mobile sera ici demain pour retrouver les Douze Nonpareil que possède maintenant Gramont .

Chacherre sifflait dans sa barbe. "Quoi?"

Jachin Fell sourit légèrement et hocha la tête. "Oui. Si Gramont reste au Paradis, je pourrai l'envoyer là-bas. Je ne suis pas encore sûr. J'ai l'intention de trouver quelque chose sur cet homme Hammond."

"Mais vous ne pouvez pas le faire atterrir de cette façon, maître ! Il a acheté la voiture——"

"Et qui a vendu la voiture aux garagistes ? Ils l'ont achetée innocemment." Un sourire étrange tordit les lèvres de Fell . "En fait, ils l'ont acheté à un homme nommé Hammond, comme les preuves le montreront très clairement."

Ben Chacherre s'est lancé, puisqu'il avait lui-même vendu cette voiture. Puis un lent sourire apparut sur ses traits fins – un sourire qui s'élargit en un rire silencieux.

"Maître, vous êtes magnifique !" dit-il en se levant. "Eh bien, s'il n'y a plus rien sous la main, j'irai me coucher."

"Un excellent programme ", a déclaré Jachin Fell en prenant son chapeau sur le bureau. "Je dois dormir un peu moi-même."

Ils quittèrent le bureau et le bâtiment ensemble.

Trois heures plus tard, l'aube s'était levée, une aube froide, grise et lugubre qui se levait sur une ville jonchée des séquelles du carnaval. "Mercredi maigre", c'était en fait sobre. Jusqu'à présent, la ville en général ignorait la tragédie qui s'était produite à la fin même de sa saison de carnaval la plus gaie. En quelques heures, les milieux d'affaires et les milieux sociaux seraient balayés par l'assassinat de Joseph Maillard, mais à ce petit moment de la journée, la ville dormait. Les journaux du matin, qui publiaient aujourd'hui un reportage qui promettait de choquer et de stupéfier toute la communauté, n'étaient pas encore distribués.

Se levant avant le jour, Henry Gramont et Hammond prirent leur petit-déjeuner tôt et partirent à six heures en voiture. Ils étaient bien à l'extérieur de la ville et se dirigeaient vers la paroisse de Terrebonne et la ville de Paradis avant de se rendre compte que le jour n'allait pas s'éclaircir sensiblement. Au lieu de cela, le temps est resté très nuageux et sombre, avec une menace glaciale de pluie dans l'air.

Le temps importait peu à Gramont . Quand finalement l'excellente route fut abandonnée et qu'ils commencèrent le dernier tour de leur trajet de soixante-dix milles, ils trouvèrent les routes paroissiales exécrables et la route lente. Ainsi, midi était proche lorsqu'ils arrivèrent enfin à Paradis, la ville la plus proche du pays des bayous de Lucie Lédanois . La pluie résistait toujours.

"Trop froid pour pleuvoir", observa Gramont . " Allons à l'hôtel et prenons quelque chose à manger. Je vais devoir localiser le terrain, qui se trouve quelque part près de la ville. "

Ils découvrirent que l'hôtel était une structure ancienne et que ses prix étaient dignes de Lafitte et de ses boucaniers. Cependant, comme dans de nombreuses petites villes de Louisiane, la nourriture s'est avérée digne d'un roi. Après un léger déjeuner composé de cailles, de bisque d'écrevisses et de venaison probablement illégale, Gramont soupira de regret de ne plus pouvoir manger et se mit à demander où se trouvait la ferme Lédanois .

Il y avait en effet très peu de choses au Paradis, qui se trouvait sur le bayou mais loin de la voie ferrée. C'était un endroit désolé, non peint et négligé. Le siège paroissial de Houma lui avait dépouillé toute vie et toute croissance d'une part ; de l'autre, le nouveau district pétrolier et gazier n'y avait pas encore touché.

Vers le sud s'étendait le marais, long de quarante milles, se fondant peu à peu dans le golfe. Quarante milles de marais de cyprès et de bayous sinueux, inexplorés, inexplorés sauf par des chasseurs occasionnels ou des shérifs semi-occasionnels. Personne ne savait qui ou quoi pouvait se trouver dans ces marais, et personne ne se souciait de le savoir. L'homme qui rapportait du poisson ou des huîtres dans son esquif pourrait être un pêcheur de bayou, ou encore un meurtrier recherché dans dix États. La curiosité pouvait se révéler extrêmement malsaine. Comme l'Atchafalaya, où les voyageurs fortuits se retrouvent brusquement ordonnés ailleurs, les marais de Terrebonne ont leurs secrets et savent les garder.

Gramont n'eut aucune difficulté à localiser le terrain des Lédanois , et il constata qu'il ne se trouvait nullement dans le marais. Une partie, plus proche de Houma, avait été vendue et était désormais incluse dans le nouveau district pétrolier ; c'était cette part que Joseph Maillard avait bradée.

Le reste, et la plus grande partie, se trouvait au nord de Paradis et longeait la rive ouest du bayou sur un demi-mile. Ferme abandonnée depuis longtemps, elle était située en hauteur, avec du bois bien déblayé et un excellent emplacement ; mais les locataires étaient difficiles à trouver et ne pouvaient pas se déplacer une fois obtenus, de sorte que l'endroit n'avait pas été cultivé depuis cinq ans ou plus. Après avoir obtenu ces faits, Gramont consulta Hammond.

"Nous ferions mieux d'acheter de la nourriture ici en ville et de nous organiser pour passer quelques nuits à la ferme, si nécessaire", a-t-il déclaré. " Il y a quelques bâtiments là-bas, donc nous trouverons un abri. Le long du bayou se trouvent des chalets d'été – je crois que certains d'entre eux sont des endroits plutôt prétentieux – et nous devrions trouver la route assez convenable. Ce n'est qu'à trois ou quatre miles de la ville. ".

Avec quelques provisions entassées dans la voiture, ils partirent. La route serpentait le long du bayou, passant devant d'anciennes fermes cajuns et les maisons trapues des pêcheurs. Ici et là avaient été installés des camps et des chalets d'été, nichés au milieu de groupes de chênes et de cyprès immenses, dont les feuilles de mousse gris argenté pendaient en grappes tombantes comme des linceuls pâles et fantomatiques.

Surveillant la route de près, Gramont trouva soudain les repères qui lui avaient été décrits et ordonna à Hammond de s'arrêter et de se tourner à une brèche dans la clôture qui était autrefois une porte d'entrée.

"Nous y sommes ! Ce sont les bâtiments à droite. Ouf ! Je devrais dire qu'ils étaient abandonnés ! Il ne reste plus que des ruines. Allez-y !"

Devant eux, alors qu'ils arrivaient de la route par une allée couverte d'herbe, se présentèrent une maison, un hangar et une grange au milieu d'un groupe d'arbres imposants. En effet, les arbres étaient partout autour de la ferme, qui avait poussé dans une forêt de jeunes arbres ordinaires. Les bâtiments étaient dans un état de ruine : les planches à clin pendaient librement, les toits étaient parsemés de trous béants, les portes et les fenêtres avaient disparu depuis longtemps.

En sortant de la voiture, Gramont , suivi du chauffeur, se dirigea vers la porte d'entrée et inspecta l'épave à l'intérieur.

" Qu'en dis-tu, Hammond ? Tu penses qu'on peut s'arrêter ici, ou retourner à l'hôtel ? Ce n'est pas vraiment une course jusqu'en ville———"

Hammond désigna une large cheminée qui leur faisait face.

"Je peux nettoyer cette cabane en une demi-heure environ, cette pièce en tout cas. Quand un incendie se déclare là-dedans et que nous fermons les fenêtres et les portes, nous devrions être suffisamment à l'aise. Mais à votre guise, casquette 'n ! C'est tes funérailles."

Gramont éclata de rire. "Très bien. Allez-y, nettoyez, alors, et s'il pleut, nous pourrons camper ici. Assurez-vous de chercher des serpents et de la vermine. Le sol semble sain, et s'il y a beaucoup de mousse sur les arbres, nous pouvons rattraper." des lits confortables. Dommage que vous ne soyez pas pêcheur, sinon nous pourrions récupérer un poisson frais dans le bayou... »

"J'ai eu du tacle en ville," et Hammond sourit largement.

"Bon travail ! Alors installez-vous chez vous et allez-y. Nous avons la majeure partie de l'après-midi devant nous."

Gramont quitta la maison et se dirigea vers la rive du bayou.

Il sortit une lettre de sa poche, l'ouvrit et la parcourut de nouveau. C'était une vieille lettre, qui lui avait été écrite près de deux ans auparavant par Lucie Ledanois . Il avait été écrit simplement dans le but de distraire les pensées d'un soldat blessé, de ramener son esprit en Louisiane, loin des champs sinistrés de France. Dans la lettre, Lucie avait décrit certaines des caractéristiques les plus intéressantes du Bayou Terrebonne : les flottes d'huîtres et de crevettes, les villages chinois et philippins le long du golfe, les vastes marécages de cyprès ; les fontaines bouillonnantes, curiosités naturelles, qui jaillissaient des ruisseaux et des bayous de toute la vaste paroisse, fontaines provoquées par le gaz s'infiltrant de l'intérieur de la terre et perçant.

Gramont savait que des projets étaient déjà en cours pour exploiter ce champ de gaz naturel et le transporter jusqu'à la Nouvelle-Orléans. Du pétrole avait également été découvert, et tout l'État était désormais fou de pétrole. Des fortunes se faisaient chaque jour, et d'autres fortunes étaient perdues chaque jour par ceux qui s'occupaient des stocks de pétrole plutôt que du pétrole.

"Ces fontaines à gaz ont fait le travail !" réfléchit Gramont . "Et d'après cette lettre, il y a une de ces fontaines ici dans le bayou, à proximité de sa propriété. 'Juste en face du quai', dit-elle. La première chose est de trouver le quai, puis la fontaine. Après, on' Je déciderai s'il s'agit de vrai gaz minéral. Si c'est le cas, alors le travail est terminé, car je tenterai certainement de trouver du pétrole à proximité !

Gramont arriva au bayou et commença à chercher son chemin le long de la frange épaisse et haute de buissons et de jeunes arbres qui ceignaient le bord de l'eau. Bientôt, il tomba sur les ruines de ce qui était autrefois un petit hangar à bateaux. Non loin de là, il trouva le quai mentionné dans la lettre ; il n'en restait plus que quelques flèches dépassant de la surface de l'eau. Mais il n'avait pas besoin de chercher plus loin. Juste devant lui, il vit ce qu'il cherchait.

À une douzaine de pieds du rivage, l'eau montait et descendait en un dôme continu ou une fontaine de bulles hautement chargées qui s'élevaient à un pied au-dessus de la surface. Gramont le regardait, immobile. Il l'observa pendant un moment, puis, brusquement, il sursauta. Ce fut un début violent, un début de pure stupéfaction et d'incrédulité.

Il se pencha en avant, regardant non plus le dôme à gaz, mais l'eau plus proche du rivage. Pendant un instant, il crut que ses sens l'avaient trompé, puis il vit que la chose était bien là, là sans aucun doute – une très faible trace de lumière irisée qui jouait à la surface de l'eau.

"Ce n'est pas possible !" » marmonna-t-il en se penchant davantage .
"Une telle chose arrive trop rarement——"

Son cœur battait violemment ; L'excitation envoya le sang affluer vers son cerveau en tourbillons aveuglants. Il était saisi par la fièvre de l'or qui s'abat sur un homme lorsqu'il fait la découverte stupéfiante d'une richesse incalculable gisant à ses pieds, ignorée et ignorée par d'autres hommes moins perspicaces pendant des jours et des années !

C'était du pétrole, cela ne faisait aucun doute. Une quantité extrêmement légère, il est vrai ; une quantité si légère qu'il n'y avait aucune pellicule sur l'eau, aucun goût perceptible dans l'eau. Gramont le porta à sa bouche et se leva en secouant la tête.

D'où vient-il? Cela n'avait aucun rapport avec les bulles de gaz – du moins, cela ne provenait pas du dôme d'eau et de gaz. Combien de temps il resta là à regarder Gramont ne le savait pas. Son cerveau était en feu face aux possibilités. Enfin, il passa à l'action et fit remonter la rive du bayou, s'arrêtant de temps en temps pour fouiller l'eau en dessous de lui, pour s'assurer qu'il pouvait encore discerner la faible irisation.

Il le suivit tige par tige et constata qu'il augmentait rapidement en force. Cela doit provenir d' une toute petite infiltration de surface à proximité, qui s'est perdue dans le bayou presque aussi rapidement qu'elle provenait des profondeurs de la terre. Ce n'est que par hasard qu'un homme l'apercevrait, à moins de fouiller l'eau près de la rive, et même alors seulement par la grâce du hasard.

Gramont s'aperçut soudain qu'il avait perdu l'enseigne. Il s'arrêta.

Non, pas perdu non plus ! Juste devant lui se trouvait une parcelle de roseaux et un retrait du rivage. Il avança encore. À l'intérieur des roseaux, il trouva la tache huileuse, encore si faible qu'il ne pouvait la détecter que sous certains angles. En levant les yeux, il aperçut à peu de distance une clôture, évidemment la clôture du territoire Lédanois ; les buissons et les arbres se sont éclaircis ici, et devant, le terrain a été défriché. Il aperçut, à travers les buissons, des bâtiments.

Une violente déception s'empara de lui. Allait-il perdre cette découverte, après tout ? Allait-il constater que les infiltrations provenaient d'un terrain appartenant à quelqu'un d'autre ? Non, il recula précipitamment, juste à temps pour éviter de tomber sur un minuscule filet d'eau, un ruisseau qui se jetait dans le bayou, un affluent si insignifiant qu'il était invisible à dix pieds de distance ! Et en surface une légère irisation.

L'excitation remontant en lui, Gramont se retourna et suivit ce ruisseau, les yeux enflammés d'impatience. Elle le conduisit sur vingt pieds et s'arrêta brusquement, dans une source bouillonnante jaillissant d'un lopin de terre basse et entourée d'arbres. Gramont sentit ses pieds s'enfoncer dans l'herbe et vit qu'il y avait un creux dans le sol par ici, une petite zone marécageuse à elle seule. Il choisit un endroit sec et s'allongea sur le visage, scrutant l'eau des yeux.

Instant après instant, il restait là, à regarder. Bientôt, il retrouva le léger filet d'huile, un filet si faible et si mince que même ici, à la surface du petit ruisseau, il ne pouvait être discerné qu'avec beaucoup de difficulté. Un suintement très mince, conclut Gramont ; une huile fine, bien sûr. Si faible, une petite chose, pour signifier tant de choses !

Il venait du pays Lédanois , sans aucun doute. Mais qu'importe ? Ses yeux s'écarquillèrent de pensées enflammées alors qu'il regardait le mince fil d'eau. Peu importe d'où cela venait, l'essentiel en était la preuve ! Il y avait du pétrole ici pour la découverte, du pétrole à des milliers de pieds en dessous, du pétrole si épais et abondant qu'il s'est forcé à traverser les fissures de la terre pour trouver un exutoire !

« Au lieu de descendre cinq ou six mille pieds, pensa-t-il avec exaltation, nous n'en descendrons peut-être que quelques centaines. Mais nous devons d'abord obtenir une option ou un bail sur tous les terrains avoisinants – tout ce que nous pouvons obtenir ! Il y aura un énorme boom dès que cette nouvelle éclatera. Si nous obtenons ces options, nous pourrons les revendre avec un bénéfice d'un million pour cent, et même si nous ne trouvons pas de pétrole en quantités payantes, nous retrouverons le prix. "

Soudain, il sursauta violemment. Un brusque bruit de pas dans les buissons, une explosion de voix avaient retenti non loin de là, juste de l'autre côté de la barrière. Il fut réveillé de ses rêves et commença à se lever. Puis il détendit ses muscles et resta tranquille, l'étonnement le saisissant ; car il entendit prononcer son propre nom d'une voix qui lui était étrangère.

# CHAPITRE X

## *Meurtre*

La voix était étrangère à Gramont , et pourtant il avait le vague souvenir de l'avoir déjà entendue à un moment donné. C'était une voix enjouée et impudente, très sûre d'elle, mais elle contenait une note de surprise et d'inquiétude, comme si l'orateur venait tout juste de ne pas se rendre compte de l'homme à qui il s'adressait.

"Bonjour, shérif !" Ça disait. "Je ne t'ai pas vu là-dedans, qu'est-ce que tu fais si loin de Houma, hein ?"

"Eh bien, j'ai regardé autour d'ici", répondit une autre voix, sèche et sinistre. "Je te connais, Ben Chacherre , et je pense que je vais t'emmener avec moi. Tu viens juste de la Nouvelle-Orléans, n'est-ce pas ?"

"Moi ? Prends- *moi* ?" La voix de Chacherre s'élevait soudain d'alarme. « Écoutez, shérif, ce n'est pas moi qui l'ai fait ! C'est Gramont —— »

Il y eut un silence. Pas un bruit ne rompit le calme de cette fin d'après-midi.

Gramont , écoutant, restait abasourdi et essoufflé. Ben Chacherre , le voleur sournois, comment Chacherre était-il venu ici ? Gramont ignorait tout lien entre Jachin Fell et Chacherre ; il ne pouvait que s'allonger dans l'herbe et s'émerveiller de la présence de l'homme. Quel « endroit » surveillait le shérif de Houma ? Et qu'est-ce que lui, Gramont , était censé avoir fait ?

Dérouté et perplexe, Gramont attendit. Et, pendant qu'il attendait, il entendit un léger bruit provenant du sol marécageux à côté de lui – un léger « plop », comme si un objet était tombé à proximité sur l'herbe mouillée. Pour le moment, il ne prêta aucune attention à ce bruit, car de nouveau le silence étrange était tombé.

En écoutant, Gramont croyait percevoir des pas lents et furtifs au milieu des sous-bois, mais se moquait de cette imagination en la qualifiant de pure imagination. Son cerveau était occupé par ce nouveau problème. Houma, il le savait, était le siège de la paroisse ou du comté. Ce Ben Chacherre semblait avoir soudainement et inopinément rencontré le shérif, à sa grande inquiétude, et le shérif avait, pour une raison quelconque, décidé de l'arrêter ; tant de choses étaient claires.

Chacherre avait quelque chose à voir avec le « lieu » : s'agissait-il de la propriété attenante ou de la ferme Lédanois ? Dans son ahurissement devant cet imbroglio, Gramont oublia momentanément le filet d'huile à ses pieds.

Mais maintenant, le profond silence devenait contre nature et sinistre. Que s'était-il passé ? Décidément, Ben Chacherre n'avait pas été arrêté et emmené dans un tel silence ! Pourquoi les voix avaient-elles cessé si brusquement ? Vaguement inquiet, surpris par la prolongation de ce calme intense, Gramont se leva et scruta les arbres.

Les deux orateurs semblaient partis ; il ne pouvait apercevoir personne en vue. Un pas de côté permettait à Gramont d'apercevoir le terrain attenant à la place Lédanois . L'endroit était débarrassé de toutes broussailles, et, sous d'immenses chênes, à l'extrême gauche, il aperçut une grande maison d'été, fermée et apparemment déserte. Cependant, plus près, il aperçut d'autres bâtiments qui attirèrent son attention. Il entendit le vrombissement d'un moteur en marche, et comme il n'y avait pas de ligne électrique ici, l' endroit possédait évidemment sa propre centrale électrique. Il scruta la scène devant lui avec appréciation.

Il y avait ici deux grands bâtiments. L'une semblait être une grande grange fermée, l'autre était un hangar long et bas, trop grand pour servir de garage. La porte était ouverte, et avant l'ouverture, Gramont aperçut trois hommes debout et en train de causer ; il n'en reconnut aucun. Deux des orateurs étaient vêtus de combinaisons graisseuses, et le troisième personnage montrait l'éclat d'un col. Le shérif Ben Chacherre et un autre homme, pensa Gramont . Il n'aurait pas connu Chacherre s'il l'avait rencontré face à face. Pour lui, l'homme n'était qu'un nom.

La mention de son propre nom par Chacherre le pousse à aller de l'avant et à exiger des explications. Puis il lui vint à l'esprit qu'il avait peut-être commis une erreur ; cela aurait été très facile, car il n'était pas sûr que Chacherre ait parlé de lui. Il pourrait y avoir d'autres Gramont , ou d'autres hommes dont le nom aurait à peu près la même sonorité dans une bouche créole.

"Je ferais mieux de m'occuper de mes affaires", pensa Gramont en se détournant. Il remarqua que le moteur avait cessé de fonctionner. "Je me demande quel homme riche peut être ici dans son chalet d'été à cette période de l'année ? Peut-être qu'il n'est qu'un gardien, cependant. Je ferais mieux de consacrer toute mon attention à cette huile et de laisser les autres choses de côté."

Il revint sur ses pas jusqu'au bord du bayou et se tourna vers la maison. Ce faisant, Hammond apparut s'approchant de lui, un couteau à la main.

"Je vais me couper une perche et débarquer quelques poissons pour le dîner", annonça le chauffeur en souriant. "Tout est bien nettoyé, capitaine ! Vous ne connaîtrez pas la vieille cabane."

"Assez bien", a déclaré Gramont . "Tiens, passe par là ! Je veux te montrer quelque chose."

Il conduisit Hammond jusqu'au ruisseau et lui montra la fine pellicule d'huile à la surface.

"Voilà notre fortune en or, sergent ! Du pétrole qui sort du sol ! Cela n'arrive pas très souvent, mais cela arrive - et c'est une de ces occasions. Je ne prendrai pas la peine de regarder plus loin."

"Gloire soit!" » dit Hammond en regardant le ruisseau. "Tu veux riposter pour la ville ?"

"Non ; nous ne pourrons rentrer que ce soir, et les routes ne sont pas très bonnes pour le travail de nuit. Je vais obtenir des baux par ici - peut-être que je pourrai le faire tout de suite, et nous le ferons." "Retournez demain matin. Allez-y et récupérez votre poisson."

En regagnant la maison, il vit que Hammond avait effectivement nettoyé avec beaucoup de style et que la pièce principale avait l'air propre comme une épingle, avec un feu allumé dans le foyer. Il ne s'arrêta pas ici, mais se dirigea vers la voiture, monta et la démarra. Il retourna sur la route et la suivit en direction de la ville pendant quelques tours, se tournant vers une grande ferme d'apparence très décente qu'il avait observée en la dépassant en sortant.

Il trouva le propriétaire, un créole d'apparence intelligente, conduisant quelques vaches pour la traite, et fut un peu surpris de réaliser que l'après-midi était si tard. Lorsqu'il s'adressa en français au fermier, il reçut une réponse cordiale et découvrit que cet homme possédait la terre en face de la place Lédanois et que sa ferme s'étendait en fait sur plusieurs centaines d'acres.

"A qui appartient le terrain à côté de la place Lédanois ?" demanda Gramont .

"J'ai vendu mes terres il y a quelques années", répondit l'autre. "Un homme de la Nouvelle-Orléans le voulait comme lieu d'été, un homme d'affaires là-bas, Isidore Gumberts ."

Gumberts —"Memphis Izzy" Gumberts ! Le nom vint à l'esprit de Gramont et lui rappela une conversation avec Hammond. Eh bien, Gumberts était le fameux escroc dont Hammond avait parlé.

"J'ai vu le shérif il y a quelque temps , remontant la route", observa le créole. "L'as-tu rencontré?"

Gramont secoua la tête. "Non, mais j'ai vu plusieurs hommes chez les Gumbert . Peut-être qu'il était là..."

"Pas là, je suppose", et le fermier rit. "Ces types ont loué la maison à Gumberts , à ce que j'ai entendu ; ce sont des inventeurs et des hommes assez calmes. Vous êtes un étranger ici ?"

Gramont se présenta comme un ami de Miss Lédanois et déclara franchement qu'il cherchait du pétrole et espérait forer sur ses terres.

"J'aimerais que vous me proposiez une option de location", a-t-il poursuivi. "Je ne veux pas du tout acheter votre terrain ; ce que je veux, c'est le droit d'y forer du pétrole, au cas où du pétrole apparaîtrait sur les terres de Miss Ledanois . C'est un pari, vous savez. Je vous le donnerai. cent dollars pour le bail, et le huitième intérêt habituel pour tout pétrole découvert. Je n'ai pas de formulaire de bail avec moi, mais si vous m'en donnez l' option , un mémorandum signé sera tout à fait suffisant.

Le fermier considérait le pétrole comme une plaisanterie et le dit. Cependant, les cent dollars et le huitième intérêt potentiel suffisaient pour l'inciter à renoncer sans délai à l'option. Il était trop heureux d'en finir immédiatement et d'empocher l'argent de Gramont .

Gramont s'éloigna et arrivait à l' allée des Lédanois lorsqu'il freina brusquement et arrêta la voiture en écoutant. Quelque part devant lui – chez les Gumbert , pensa-t-il instantanément – résonnèrent un coup de feu et plusieurs cris faibles. Puis à nouveau le silence.

Gramont marqua une pause, indécis. Le shérif procédait à une arrestation, pensa-t-il. Une centaine de possibilités lui traversaient l'esprit, suggérées par la sinistre combinaison de Memphis Izzy, connu même par Hammond comme le prince parmi les escrocs, avec ce lieu isolé loué par des « inventeurs ». De la contrebande ? Contrefaçon ?

Alors qu'il s'arrêtait, il sursauta soudain ; il était certain d'avoir perçu le ton de Hammond, comme dans un soudain serment de colère. Gramont débraya et fit bondir la voiture : il se souvint qu'il avait laissé Hammond au bord du ruisseau, près de la propriété des Gumbert . Que s'était-il passé ?

Il arriva, après un moment d'impatience, devant une porte ouverte dont l'allée conduisait à la maison Gumbert . Devant lui, alors qu'il rentrait, se déroulait une scène saisissante. Trois hommes, les mêmes qu'il avait aperçus depuis les buissons, se tenaient devant le hangar bas ; deux d'entre eux tenaient des fusils, le troisième, un des « inventeurs » en salopette, enroulait un bandage autour d'une main ensanglantée. Les deux fusils étaient vaguement pointés sur Hammond, qui se tenait au centre du groupe, les bras en l'air.

Quoi qu'il en soit, Hammond n'avait manifestement pas été facilement capturé. Son visage était quelque peu meurtri et le seul ravisseur qui portait un collier saignait abondamment d'une joue coupée. Les trois se tournèrent alors que la voiture de Gramont arrivait, et Hammond poussa une éjaculation de soulagement.

"Le voici maintenant———"

"Fermez-la!" » claqua l'un de ses ravisseurs armés d'un ton laid. " Dépêche-toi, Chacherre , prends une corde et attache ce gink ! "

Gramont sauta de la voiture et s'avança à grands pas.

« Que se passe-t-il ici ? » demanda-t-il brusquement. "Hammond———"

"J'ai trouvé un homme mort dans ces buissons", a lancé Hammond, "et ces types m'ont sauté dessus avant que je les voie . Ils prétendent que c'est moi qui l'ai fait..."

"Un homme mort !" répéta Gramont en regardant les trois. "Que veux-tu dire?"

"Donnez-lui le baratin, Chacherre ", grogna l'un d'eux. Ben Chacherre s'avança , ses yeux audacieux fixés sur ceux de Gramont avec un air de défi.

"Le shérif était ici il y a quelque temps, à la recherche d'un bateau volé," dit-il, "et il s'est dirigé vers la place Lédanois . Nous le suivions, pour l'aider à chercher, lorsque nous sommes tombés sur cet homme debout dans les buissons, sur le corps du shérif. Il avait un couteau à la main et le shérif avait été poignardé à mort. Il a sorti un pistolet et a tiré sur l'un de nous...

Gramont resta un moment stupéfait. "Attendez!" il s'est excalmé. « Hammond, dans quelle mesure tout cela est-il vrai ?

"Ce que je vous dis , capitaine ", répondit Hammond avec obstination. "J'ai trouvé un homme allongé là et je le regardais quand ces gars m'ont sauté dessus. J'ai tiré sur cet homme dans le bras, d'accord, puis ils ont attrapé mon arme et m'ont fait tomber. C'est tout."

Le shérif… assassiné !

Dans l'esprit de Gramont sauta cette brève conversation qu'il avait entendue entre Ben Chacherre et le shérif ; le silence étrange et contre nature qui avait conclu cette conversation interrompue. Il regarda tour à tour Hammond et les autres, sans voix pour le moment, mais avec des mots brûlants montant impétueusement en lui.

Il remarqua alors que Chacherre et ses deux compagnons l'observaient avec beaucoup d'attention et effectuaient de légers cercles. Il sentit une connaissance parmi tous ces hommes. Il vit que le blessé avait fini son pansement et tenait maintenant sa main non blessée dans la poche de sa veste, d'une manière massive et menaçante.

Le danger se posa sur Gramont , avec une clarté saisissante. Il comprit que tout était possible dans cet endroit isolé, où le meurtre venait si récemment d'être consommé ! Il vérifia sur ses lèvres ce qu'il s'apprêtait à dire ; à cet instant, Hammond exprima cette pensée dans son esprit.

"C'est une machination !" dit le chauffeur avec colère.

"C'est probable, n'est-ce pas ?" Chacherre lança ces mots avec un ricanement, mais avec un regard caché vers Gramont . "Ce type est ton chauffeur, n'est- ce pas ? Eh bien, il faut qu'on l'emmène à Houma, c'est tout."

« Où est le corps du shérif ? demanda doucement Gramont .

"Là-bas", fit un geste Chacherre . "Nous n'avons pas encore eu l'occasion de le ramener, ce type nous a occupés. Peut-être que vous voulez lui monter un alibi ?"

Gramont ne prêta aucune attention au ton ricanant de ce dernier. Il regardait Chacherre fixement, réfléchissant, se tenant bien en main.

"Vous dites que le shérif était là, puis est parti vers le pays Lédanois ?" Il a demandé. « Est-ce qu'il y est allé seul ou étiez-vous avec lui ?

"Nous nous préparions à le suivre", affirmait Chacherre avec assurance. C'était tout ce que Gramont voulait savoir : que cet homme mentait. "Nous le suivions quand il est entré dans les buissons. Votre homme se tenait au-dessus de lui avec un couteau——"

"Je l'étais aussi quand ils m'ont trouvé - je me coupais une canne à poisson", dit Hammond d'un ton maussade. Il commençait manifestement à être impressionné et alarmé par les preuves retenues contre lui. Gramont se contenta d'acquiescer.

« Personne n'a vu le véritable meurtre, alors ? »

"Pas besoin", dit effrontément Chacherre . "Quand nous l'avons trouvé comme ça ! Hein ?"

"Je suppose que non", répondit Gramont , les yeux fixés pensivement sur Hammond. Ce dernier surprit le regard, laissa tomber sa mâchoire d'étonnement, puis rougit et serra les lèvres – et attendit. Gramont jeta un coup d'œil à Chacherre et lança un coup de chance.

"Vous êtes Ben Chacherre , n'est-ce pas ? Travaillez-vous pour M. Fell ?"

Le tir fortuit a marqué. "Oui", dit Chacherre , les yeux plissés.

"Alors qu'est-ce que tu fais ici ?"

Chacherre resta un instant au dépourvu. Il ne savait pas ce que Gramont savait – ou peu – ; mais il savait que Gramont savait qui avait pris le butin du Midnight Masquer dans le coffre de la voiture. Cette connaissance le rejeta tout naturellement sur la défense dont il était le plus sûr.

« Je suis venu faire une commission pour mon maître », dit-il et, sur ces mots, il remit le jeu entre les mains de Gramont .

Il y a eu un moment de silence. Gramont restait apparemment plongé dans ses pensées, conscient que tous les regards étaient fixés sur lui et qu'un seul faux mouvement entraînerait désormais un désastre. Il ne donnait aucun signe du choc terrible que venaient de lui causer les paroles de Chacherre ; quand il parlait, c'était doucement et froidement :

"Alors votre maître est évidemment associé à Memphis Izzy Gumberts , à qui appartient cet endroit ici. N'est-ce pas ?"

Les deux amis de Hammond et Chacherre ont commencé par là.

"Je n'en sais rien", répondit Chacherre avec un haussement d'épaules qui ne cachait pas entièrement son inquiétude. "Je sais que nous avons un meurtrier ici et que nous devrons nous en débarrasser. Vous y opposez ?"

"Bien sûr que non", dit calmement Gramont . "Écartez-vous et accordez-moi un moment en privé avec Hammond. Ensuite, emmenez-le à Houma. Je vous suggère de l'attacher, ou d'utiliser des menottes si le shérif en amène . Alors vous feriez mieux prenez aussi le corps du shérif. Hammond, un mot avec vous !

Cet acquiescement totalement inattendu de la part de Gramont parut pousser Chacherre à l'inaction. Il bougea à moitié, comme s'il ne savait pas s'il devait éloigner Gramont du prisonnier, puis il s'écarta tandis que Gramont avançait. Un geste adressé à ses deux compagnons les empêcha d'intervenir.

"Gardez- les couverts, cependant", dit-il, déplaçant légèrement son propre fusil et observant avec un air renfrogné de suspicion.

Gramont l'ignora et s'approcha de Hammond, avec un air d'avertissement.

"Tu devras t'y soumettre, vieil homme", dit-il d'un ton que les autres ne purent entendre. " Ne rêvez pas que je vous abandonne ; mais je veux bien voir cet endroit s'ils s'en vont tous les trois. Ils ne doivent pas se douter...
"

" Capitaine , faites attention ! " » interrompit Hammond d'un ton urgent. « Ici, c'est un gang – tout cela n'est qu'une machination contre moi ! »

"Je le sais : j'étais présent lorsque le shérif a été assassiné ; mais tais-toi. Je viendrai à Houma plus tard dans la nuit et je te verrai." Il se détourna avec un haussement d'épaules comme si Hammond lui avait refusé une faveur et éleva la voix. " Chacherre ! Comment vas-tu emmener cet homme en ville ? Comment es-tu arrivé ici ? Auras-tu besoin de ma voiture ? "

"Non." Le Créole montra la tête en direction de la grange. "Je suis venu dans la voiture de M. Fell - elle a un essieu suspendu et elle est désarmée. Nous le ramènerons dans une autre."

"Très bien," Gramont fit une pause et regarda autour de lui. "C'est un coup terrible, mes amis. Je n'ai jamais rêvé qu'Hammond était un meurtrier ou pourrait l'être ! Vous ne connaissez aucun mobile pour ce crime ?"

Ils secouaient la tête, mais la suspicion disparaissait de leurs yeux. Gramont jeta de nouveau un coup d'œil à son chauffeur.

"Je ne t'abandonnerai pas, Hammond," dit-il sévèrement et froidement. "Je vais m'arrêter à Houma et voir si vous avez un avocat. Je pense, messieurs, que nous ferions mieux de nous occuper de ramener le corps du shérif, hein ?"

Le blessé s'est enfui dans la grange et est revenu avec une corde. Chacherre prit cela et lia fermement les bras de Hammond, puis le força à s'asseoir et lui attacha les chevilles.

"Surveillez-le", ordonna-t-il au membre blessé du trio. "Nous allons chercher le shérif."

Laissant Chacherre et son compagnon prendre les devants, Gramont les accompagna jusqu'à l'endroit où gisait l'officier assassiné. A mesure qu'il avançait, la conviction devenait plus sûre en lui que, lorsqu'il était étendu là près du ruisseau, il avait réellement entendu les dernières paroles prononcées par le shérif ; que Chacherre avait commis le meurtre à ce moment-là, un coup de couteau silencieux et mortel ! Il savait que Hammond aurait pu ou voulu le faire était absurde.

Ils ont trouvé l'homme assassiné gisant parmi les buissons. Il avait été poignardé sous la cinquième côte – le couteau était allé directement au cœur. Chacherre annonça qu'il avait le couteau de Hammond comme preuve et Gramont se contenta de hocher la tête.

Soulevant le corps entre eux, ils le rapportèrent à la grange.

"Maintenant," dit vivement Gramont , "je pars pour Houma... si je ne rate pas ma route ! Vous serez là ?"

"En un tournemain", dit aussitôt Chacherre .

Gramont monta dans sa voiture et partit. Il n'avait aucune crainte que quoi que ce soit arrive à Hammond ; les preuves contre ce dernier étaient accablantes, et avec trois hommes pour le jurer dans le nœud coulant du bourreau, ils l'emmèneraient en prison en toute sécurité.

"Un diable malin, ce Chacherre !" pensa-t-il sombrement. "Nous sommes face à un gang, sans aucun doute. Maintenant, s'ils ne me soupçonnent pas..."

Il se présenta à la porte Lédanois , se sachant hors de vue et d'ouïe de la maison Gumbert . Il conduisit la voiture loin de la maison et s'engagea dans l'épaisseur de la végétation la plus dense qu'il put trouver, là où elle était bien cachée à la vue. Puis, à pied, il longea la rive du bayou jusqu'à arriver au ruisseau où apparaissait du pétrole.

Ici, il s'arrêta, se cacha et gagna un endroit d'où il pouvait avoir une vue sur les terres des Gumbert . Il y vit Chacherre et Hammond, à côté du corps du shérif ; les deux autres hommes ouvraient la porte de la grange. Ils disparurent à l'intérieur et, un instant plus tard, Gramont entendit le vrombissement d'un moteur qui démarrait. Une voiture a reculé dans la cour – une Cadillac à sept passagers – et s'est arrêtée.

Les trois hommes ont soulevé le corps du shérif dans le tonneau. Chacherre prit le volant, Hammond étant regroupé à côté de lui. Les deux autres hommes grimpèrent à côté du corps, fusils à la main. Chacherre démarra la voiture vers la route.

"Tout va bien!" pensa Gramont avec un frisson d'exultation. "Ils ont tous vidé et m'ont laissé l'endroit – et je veux jeter un œil à cet endroit."

Soudain, alors qu'il se tenait là, il se souvint du léger « dodu » qu'il avait entendu pendant cet interminable silence qui avait suivi la conversation entre le shérif et Ben Chacherre . C'était comme si quelque chose était tombé près de lui dans le sol détrempé.

Ce souvenir le surprit étrangement. Il visualisait un meurtrier excité debout à côté de sa victime, un couteau à la main ; il visualisa l'horreur qui avait dû s'emparer de l'homme pendant un moment – l'horreur qui avait dû le pousser à faire quelque chose à ce moment-là qu'il n'aurait pas fait dans une période plus froide.

Gramont se tourna vers le petit coin marécageux où il écoutait. Il se pencha, fouillant le sol mouillé, sans se soucier du fait que l'eau pénétrait dans ses bottes. Et, après une minute, une faible exclamation de satisfaction s'échappa de lui alors qu'il trouvait ce qu'il cherchait.

# CHAPITRE XI

### *Les gangsters*

GRAMONT quitta la cachette et s'avança.

Il pensait à cette étrange mention de Jachin Fell : Chacherre avait- il menti en disant qu'il était venu ici pour les affaires de son maître ? Peut-être. L'homme était venu dans la voiture de Fell et n'hésiterait pas à mentir sur l'utilisation de la voiture. Pour le moment, Gramont écarta la circonstance, mais ne l'oublia pas.

Il se dirigea ouvertement vers les bâtiments Gumberts , pensant qu'il aurait le temps de bien jeter un coup d'œil autour des lieux avant la tombée du crépuscule ; il descendrait alors pour Houma et s'occuperait de la défense de Hammond .

Quant à l'endroit devant lui, il était convaincu qu'il était abandonné. Si quelqu'un, autre que Chacherre et ses deux amis, avait fréquenté les bâtiments, l'agitation tardive l'aurait fait constater. Personne n'était apparu et les bâtiments semblaient vacants.

L'intention de Gramont était simple et directe. Au cas où il trouverait, comme il s'y attendait, des preuves d'occupation illégale des lieux – comme le shérif semblait l'avoir découvert à ses dépens – il mettrait Chacherre et les deux autres hommes par les talons cette nuit-là à Houma. Il se rendrait ensuite à la Nouvelle-Orléans et ferait arrêter Gumberts , même s'il ne s'attendait pas à ce que le maître escroc puisse être arrêté pour complicité de meurtre. Même si cet endroit était utilisé pour les loteries, il était presque certain que Memphis Izzy y couvrirait ses propres traces. Les hommes plus haut placés l'ont toujours fait.

Il entra directement dans la grange. Elle se dressait devant lui, fermée, sinistre sous les rayons uniformes du soleil couchant. Les portes de devant n'avaient été que faiblement fermées et Gramont les trouva ouvertes. Il se tenait dans l'ouverture et la surprise le saisit. Il resta immobile, regardant avec émerveillement le spectacle qui se présentait à lui.

Juste devant lui se trouvait un petit roadster, qu'il se souvenait avoir vu Jachin Fell utiliser ; dans cette voiture, sans doute, Ben Chacherre était parti de la ville. Il s'en souviendra plus tard, avec un regret poignant pour une occasion manquée . Mais, à l'heure actuelle, il était plongé dans l'étonnement devant le grand nombre d'autres voitures qui se présentaient à ses yeux.

Ils étaient alignés aussi profondément que la grange le permettait, entassés dans chaque mètre d'espace disponible ; bien plus d'une douzaine de voitures, calcula-t-il rapidement. De plus, toutes étaient des voitures de la plus haute classe, à l'exception du roadster de Fell. Juste devant lui, il y en avait deux dont il était bien conscient qu'ils devaient coûter près de dix mille chacun. Qu'est-ce que cela signifiait ? Certainement aucun homme ou groupe d'hommes, dans cet endroit de l'arrière-pays, ne pourrait s'attendre à utiliser une telle accumulation de voitures coûteuses !

Gramont jeta un coup d'œil autour de lui, mais ne trouva aucune trace de machinerie dans la grange. Se souvenant du moteur qu'il avait entendu, il se détourna de la porte avec une perplexité renfrognée. Il se dirigea vers le long hangar qui se trouvait le plus près de la maison. Au fond de ce hangar se trouvait une porte, et lorsqu'il l'essaya, Gramont la trouva déverrouillée. Elle s'ouvrit à sa main et il entra.

Au début , il s'arrêta, confus par les objets vagues autour, car il faisait assez sombre ici. Un instant, et ses yeux s'habituèrent à l' éclairage plus sombre. Des détails lui parvenaient : tout autour se trouvaient des voitures et des fragments de voitures, des châssis et des carrosseries à tous les stades de démembrement. Encore des voitures !

Il s'avança lentement vers un long banc qui s'étendait tout le long du magasin, sous les fenêtres. Un atelier, en effet – un atelier, s'aperçut-il rapidement, équipé de tous les outils et machines nécessaires à l'établissement de réparation automobile le plus complet ! Même un équipement d'aérographe, à une extrémité, ainsi qu'un compartiment de séchage, parlaient de travaux de repeinture.

La compréhension commençait peu à peu à l'esprit de Gramont ; un instant plus tard, c'était devenu une certitude, lorsqu'il s'arrêtait devant un moteur d'automobile posé sur le banc. Il découvrit qu'il s'agissait du moteur d'une Stutz, le dernier type multisoupapes adopté par cette marque de voiture, et cette machine en particulier avait l'air neuve.

Gramont l'inspecta et constata que les hommes avaient bien fait leur travail. Le numéro d'origine du moteur avait été soigneusement déterré et l'endroit soigneusement rempli et nivelé avec du métal. A côté, un nouveau numéro avait été apposé. Un coup d'œil à l'équipement électrique alentour montrait que ces ouvriers disposaient de tous les appareils nécessaires pour accomplir le travail le plus abouti.

Alors qu'il se redressait du moteur, les yeux de Gramont tombèrent sur une feuille de papier dactylographiée fixée au mur au-dessus du banc. Son regard s'écarquille alors qu'il l'inspecte à travers la lumière déclinante. Sur ce papier se trouvait une liste de voitures. Après chaque voiture se trouvait une série de numéros comprenant clairement les numéros d'origine du moteur, de la carrosserie, du radiateur et d'autres composants, suivis d'une autre série de nouveaux numéros à insérer. Cette feuille de papier montrait de l'intelligence, de la capacité d'organisation, du soin et de l'attention portée aux moindres détails !

Il s'agissait là du système de vol d'automobiles le plus soigneusement planifié et le plus complet dont Gramont ait jamais entendu parler. Il resta immobile, sachant que cette feuille de papier dactylographiée constituait en elle-même une preuve accablante contre toute la bande d'ouvriers. Qui plus est, ce papier pouvait être retrouvé ; la dactylographie pouvait être attribuée à l'homme plus haut placé – sans aucun doute Memphis Izzy lui-même ! Ces hommes circulaient en gros dans des voitures, probablement originaires d'États adjacents à la Louisiane. Ici, dans ce point isolé du bayou, ils ont complètement changé les voitures en termes de nombre, de peinture, de style de carrosserie, puis se sont probablement débarrassés du nouveau produit à la Nouvelle-Orléans.

Gramont resta immobile. La surprise s'était emparée de lui, et même un léger sentiment de désarroi. Ce n'était pas du tout ce qu'il avait espéré y trouver. Il avait cru tomber sur des traces du jeu de loterie...

"J'ai vu tout ce que tu voulais, mec ?" dit une voix derrière lui.

Gramont se retourna. Il se retrouva face à un pistolet automatique sur lequel brillaient deux yeux flamboyants. Cet homme lui était étranger. Après tout, l'endroit n'était pas désert. Il a été pris.

"Qui es-tu?" demanda doucement Gramont .

"Moi?" L'étranger était sans sourire, mortel. Dans ces yeux brillants, Gramont lisait la férocité d'un animal aux abois. "Je suppose que tu aimerais savoir ça, hein ? Je suppose que tu en sais assez en ce moment pour comprendre tout ce qui t'arrive , bo ! Tu as des affaires particulières ici ? Parle vite !"

Gramont se tut. L'autre se moqua de lui, méchamment.

"Dépêchez-vous ! Donnez le nom et l'adresse, et j'informerai les proches survivants . Nom, s'il vous plaît ?"

"Henry Gramont ", fut la réponse calme. " Ne te précipite pas, mon ami. Ne m'as-tu pas vu ici tout à l'heure avec Chacherre et les autres garçons ? "

"Qu'est ce que c'est?" Les yeux brillants brillaient de suspicion et de méfiance. "Ici... avec eux ? Non, je ne l'ai pas fait. Je suis parti pêcher tout l'après-midi. Qu'est-ce que tu fais autour de ce joint ?"

" Votre meilleur plan, " dit froidement Gramont , " est de changer de ton et de le faire en toute hâte ! Si vous ne savez pas ce qui s'est passé ici cet après-midi, ne me le demandez pas ; vous trouverez Je sortirai assez tôt quand les autres garçons reviendront. Tu ferais mieux de leur dire que je vais prendre contact avec Memphis Izzy dès mon retour en ville, et que moins ils parleront... "

"C'est quoi tout ça ?" » demanda encore l'autre, mais avec un accent adouci. Le surnom de Gumberts fit son effet et parut ébranler instantanément l'homme. Gramont sourit en s'apercevant que la partie était gagnée.

"Je n'ai jamais entendu parler de Gramont ", reprit vivement l'autre. "Qu'est-ce que tu fais ici ?"

— Vous allez apprendre bien des choses, j'imagine, dit négligemment Gramont . "Quant à moi , je suis arrivé sur place en grande partie par accident. Il se trouve que je suis en partenariat avec un homme nommé Jachin Fell, et je suis venu ici pour affaires——"

Au grand étonnement de Gramont, le pistolet fut aussitôt abaissé. C'était bien qu'il ait cessé de parler, car ce qu'il venait de dire s'est avéré prêt à être mal interprété, et s'il en avait dit davantage, il l'aurait gâché. Car l'homme qui lui faisait face le regardait avec un mélange de dégoût et de surprise.

"Vous êtes en partenariat avec *le patron* !" vinrent les mots étonnants. "Eh bien, pourquoi diable n'as-tu pas dit tout ça en premier lieu, au lieu de te ' charner ' ? 't tu me fais quelque chose de mignon ? "

« Connaissez-vous les écrits de Fell ? » demanda Gramont , avec difficulté à se forcer à affronter la situation de manière cohérente. Jachin Fell, le patron !

"Je connais son gant, d'accord."

Gramont sortit de sa poche un papier, le mémorandum ou accord qu'il avait rédigé avec Fell la veille après-midi, concernant la compagnie pétrolière. L' autre homme l'a pris et a allumé une ampoule électrique au-dessus de sa tête. Dans cet éclat, il se révéla comme un petit individu miteux avec la bouche ouverte et les dents pendantes – un type adénoïde, et certainement un type criminel.

Gramont crut qu'un seul coup ferait l'affaire, mais il resta immobile. Aucun jeu soudain ne l'aiderait ici. La découverte que Fell était « le patron » le paralysa complètement. Il n'avait jamais rêvé d'une telle éventualité. Tombé, de tous les hommes !

Jachin Fell est le « patron » de cet établissement ! Jachin Fell l'homme plus haut placé, le cerveau derrière cette organisation criminelle ! Ce fut un véritable coup de foudre pour Gramont . Il comprenait désormais pourquoi

Chacherre était à l'emploi de Fell, pourquoi aucune arrestation n'avait été possible ! Il comprit maintenant que Chacherre avait dû dire la vérité sur sa venue ici pour affaires pour Fell. En remontant plus loin, il vit que Fell avait dû recevoir le butin du Midnight Masquer et l'avoir remis à Lucie Ledanois

——

Le savait- *elle* ?

"Très bien, M. Gramont ." Le petit homme miteux se tourna vers lui avec un changement évident de face. "Nous ne prenons aucun risque ici, tu comprends . Nous avons reçu toute une cargaison de voitures arrivant du Texas, et nous essayons de nettoyer certains de ces bateaux pour faire de la place. Sortir des commandes ? »

de Gramont fonctionnait vite.

En venant à bout de ce truand de gouttière, il pourrait avoir toute la maison à sa merci – mais ce n'était pas ce qu'il voulait. Il se rendit soudain compte qu'il avait d'autres chats à fouetter, bien plus importants, à la Nouvelle-Orléans. Gumberts était là. Fell était là. Ce qu'il devait faire exigeait du temps, et son meilleur jeu était de gagner tout le temps possible et d'empêcher cette bande de le soupçonner de quelque manière que ce soit.

"As-tu vu Ben Chacherre ?" il a répliqué.

"Euh-huh, je l'ai vu juste après son arrivée. Gumberts sera dehors après-demain, a-t-il dit. Le patron est en train de mettre au point une sorte d'accord sur un gars qu'il veut mettre à pied - un type nommé Hammond. C'est Chacherre qui la dirige. Il s'efforce d' attraper Hammond à cause d'une voiture qu'on traque ...

Gramont éclata de rire, car il y avait un humour sombre dans cette affaire. Donc Jachin Fell voulait « obtenir quelque chose » sur le pauvre Hammond ! Et Chacherre avait saisi l' occasion en or qui se présentait cet après-midi : au lieu d'« arrêter » Hammond pour le vol de voiture, Chacherre lui avait froidement imposé le meurtre !

"Ben est un homme intelligent ; j'imagine qu'il pense que les dieux travaillent pour lui", dit Gramont d'une voix mince. " Alors tu ne sais pas ce qui s'est passé aujourd'hui, hein ? Eh bien, c'est une excellente nouvelle, mais je n'ai pas le temps d'en parler. Ils te le diront à leur retour... "

"Où sont-ils allés ?" demanda l'autre.

"Houma. Maintenant écoute bien ! Chacherre ne savait pas que j'étais en partenariat avec le patron, tu comprends ? Je ne voulais pas le dire à toute la foule devant lui. Entre toi et moi, le patron n'est pas non plus bien sûr pour Ben——"

"Dis, je t'y arrive!" » interrompit l'autre, sagement. "Je lui ai dit il y a six mois de faire attention à ce type créole !"

"Exactement. Vous pourrez parler de moi aux garçons à leur retour – je ne pense pas que Ben sera avec eux. Maintenant, j'ai inspecté cet endroit à côté…"

"Oh!" s'écria soudain l'autre. "Bien sûr ! Le patron a dit qu'un de ses amis serait descendu à———"

"C'est moi, ou plutôt l'un d'eux", et Gramont » rigola en réfléchissant aux aspects ridicules de toute cette affaire. "Je vais à Houma maintenant, puis je retourne en ville. Ma voiture est à côté. M. Fell voulait que je vous prévienne de faire profil bas sur l'affaire de la loterie. Il a l'impression que quelqu'un a parlé."

"Tu vas dire au patron, " rétorqua l'autre d'un ton vexé, "de garder un œil sur les gars qui *savent* parler ! A qui on parlerait ici ? En plus, on travaille tête baissée sur ces bateaux d'ici. ... Memphis Izzy s'occupe de la loterie - il a tout l'aménagement jusqu'à la maison, et nous n'y touchons pas, vous voyez ? Dites tout ça au patron.

"Dis-lui toi-même", rit Gramont avec bonne humeur . " Gumberts sort après-demain, n'est-ce pas ? Ce sera vendredi. Hm ! Je pense que je ferais mieux d'amener Fell ici le même jour, si je peux y venir. Je ne verrai probablement pas Gumberts. d'ici là – je ne travaille pas avec lui et il ne me connaît pas encore – mais j'essaierai de venir ici vendredi avec Fell. Maintenant, je vais devoir le battre en toute hâte. envoyer?"

"Pas moi", fut la réponse.

Gramont ne sut guère comment il était parti, qu'il se retrouva à rebrousser chemin à travers les broussailles de la maison Lédanois .

Il se précipita dans la maison, constata que le feu s'était éteint hors de tout danger et retira rapidement les quelques objets qu'ils avaient pris dans la voiture. En les portant, il retourna en titubant à l'endroit où il avait caché l'automobile. Il osait à peine réfléchir, osait à peine se féliciter de la chance qui lui était arrivée, jusqu'à ce qu'il se retrouve dans sa propre voiture, et avec les gaz ouverts, se dirigeant à travers le crépuscule vers Paradis et Houma au-delà. Un tourbillon d'exultation folle bouillonnait en lui – une exultation aussi soudaine et formidable que les semaines précédentes avaient été sans incident et longues !

Gramont , comme beaucoup d'autres, avait entendu de nombreuses rumeurs indéfinies sur un jeu de loterie clandestin qui se déroulait parmi les nègres de l'État et les villages chinois le long de la côte du Golfe. Et maintenant, il le savait définitivement.

Les loteries n'ont jamais disparu en Louisiane depuis le bon vieux temps des jeux de hasard ordonnés par le gouvernement, des lois et des ordonnances contraires. Aucune loi ne peut obliger l'homme jaune et l'homme noir à renoncer à l' héritage de leurs pères qui leur ont permis de s'enrichir rapidement . Sur la côte du Pacifique, les loteries sont disponibles et seront obtenues partout où il y a un quartier chinois. En Louisiane, l'époque de la grande loterie n'a jamais été oubliée. Les deux dernières années de salaires élevés avaient rendu tous les Noirs riches, comparativement parlant. Les marchands de loterie trouveraient naturellement une récolte mûre à cueillir. Et qui graviterait autour de ce champ de récolte sinon le grand Gumberts , l'incapable Memphis Izzy, le promoteur qui n'avait jamais été « agressé ! » !

Ici, d'un seul coup, tombé par hasard sur la chose, Gramont avait localisé le noyau de toute l'affaire !

Peu à peu, son cerveau se refroidit et réalisa le travail qui l'attendait. Il traversa Paradis, presque sans voir la ville, et alluma ses phares en prenant l'autoroute en direction de Houma. Une réflexion sobre s'empara de lui. Non seulement cette foule d'escrocs travaillait à la loterie, mais ils organisaient également un formidable vol d'automobiles, au cours duquel des voitures étaient pillées en gros ! Et l'homme à la tête de tout cela, l'homme au-dessus de Memphis Izzy et de ses escrocs, était Jachin Fell de la Nouvelle-Orléans.

Lucie Ledanois a-t-elle rêvé une chose pareille ? Non. Gramont rejeta immédiatement la question. Fell n'était pas un type d'homme inhabituel. Il y avait de nombreux Jachin Fells à travers le pays, réfléchit-il. Des hommes qui ont appliqué leur cerveau à un travail malhonnête, qui se sont tenus au-dessus de toute participation réelle au travail et qui ont énormément profité de l'argent des tributs de chaque escroc dans chaque crime.

Pour les communautés dans lesquelles ils vivaient, ces hommes étaient des modèles de tout ce que devraient être les gentlemen riches. Leur lien avec le crime était rarement soupçonné, sauf peut-être dans les ragots de la pègre. Et – cette pensée faisait réfléchir Gramont – ils n'ont jamais couru le risque de représailles de la part de la loi. Leurs ramifications s'étendaient trop loin au domaine politique ; et les gouverneurs de certains États du Sud disposent de pouvoirs de grâce illimités.

"C'est un grand jour !" réfléchit Gramont , écartant la sinistre suggestion de cette dernière pensée. "Un grand jour ! À quoi cela mènera-t-il, je ne sais pas. Le moindre n'est pas l'aspect financier : l'infiltration de pétrole ! Ce petit filet irisé de pétrole sur l'eau signifie que les soucis d'argent sont terminés, à la fois pour moi et pour Lucie. Je suis désolé de m'être mêlé à Fell ; j'ai assez d'argent pour forer au moins un bon puits, et un seul est tout ce dont nous aurons besoin pour amener du pétrole à cet endroit. Eh bien, nous verrons ce qui se passera ! Mon premier travail est de m'assurer que Hammond est en sécurité et de soulager son esprit. Je vais devoir le laisser en prison, je suppose... "

Pourquoi Fell voulait-il « obtenir quelque chose » sur Hammond ? Il n'y avait pas de réponse à cela.

Il se rendit à Houma et trouva la ville en effervescence, car la nouvelle du meurtre du shérif avait profondément agité les lieux. Se dirigeant directement vers le palais de justice, Gramont croisa Ben Chacherre alors qu'il descendait de la voiture.

"Bonjour!" il s'est excalmé. "J'ai perdu ma route. Où est Hammond ?"

Chacherre montra la tête en direction du palais de justice.

" Là-bas. Dis, tu retournes en ville ce soir ? "

"Oui." Gramont le regarda. "Pourquoi?"

- vous ? J'ai raté le dernier train, et si vous revenez de toute façon, je n'aurai pas besoin de louer de voiture. Je peux conduire pour vous, et nous y arriverons dans un délai raisonnable." quelques heures, avant minuit bien sûr."

"Montez à bord", dit Gramont en désignant la voiture. "Je serai de retour dès que j'aurai parlé avec Hammond. Aucun risque qu'il se fasse lyncher, j'espère ?"

"Pas une chance", dit l'autre pour conclure. "Six députés là-haut maintenant, et pas mal d'anciens soldats qui viennent monter la garde. Vous allez défendre cette affaire ?"

"Non", dit Gramont . "Vous ne pouvez pas lutter contre une chose sûre, n'est-ce pas ? Je suis désolé pour lui, cependant."

Chacherre haussa les épaules et monta dans la voiture.

Gramont fut très soulagé de constater qu'il n'y avait aucun danger de lynchage, ce qui était sa seule crainte. Ce n'est qu'avec beaucoup de persuasion qu'il franchit le poste de garde et pénétra dans le palais de justice, où il fut reçu par un certain nombre d'adjoints chargés de la situation.

Après avoir longuement discuté avec eux, il fut emmené à contrecœur dans la cellule occupée par Hammond. Celui-ci le reçut avec un large sourire et ne laissa aucun signe de l' épreuve exténuante par laquelle il venait de passer.

" Écoute, mon vieux, " dit Gramont avec sérieux. "Veux-tu jouer dur jusqu'au bout ? Je vais devoir te laisser ici pendant deux jours. Au bout de ce temps , tu seras libre."

Les députés qui écoutaient reniflèrent, mais Hammond se contenta de sourire à nouveau et de passer la main à travers les barreaux.

" Quoi que vous disiez, capitaine , " répliqua-t-il. "Ça a l'air vraiment mauvais———"

"Ne le pensez pas", dit gaiement Gramont . "Beaucoup de choses se sont passées depuis la dernière fois que je t'ai vu ! J'ai le véritable meurtrier là où je le veux, mais je ne peux pas encore le faire arrêter."

"C'est un gang", a déclaré Hammond. "Faites attention, capitaine , je les ai entendus dire quelque chose à propos de Memphis Izzy. Vous vous souvenez du type dont je vous ai parlé un jour ? Eh bien, ce n'est pas un jeu de pirate ! Nous sommes confrontés à quelque chose de solide..."

"Je le sais", et Gramont hocha la tête. Il se tourna vers les députés. "Messieurs, vous avez mon adresse si vous souhaitez communiquer avec moi. Je serai de retour ici après-demain, au moins avant minuit de ce jour-là. Je vous préviens que s'il arrive quelque chose à cet homme entre-temps, vous serez tenu personnellement responsable. Il est innocent.

"On dirait que nous ferions mieux de vous retenir aussi", dit l'un des hommes. « Vous semblez en savoir beaucoup !

Gramont le regarda un moment.

"J'en sais assez pour vous dire où aller si vous essayez un travail amusant ici," dit- il d'un ton égal . "Messieurs, merci d'avoir autorisé l'interview ! Je vous verrai plus tard."

Le jury du coroner avait déjà déclaré Hammond coupable du meurtre. De retour à la voiture, Gramont a fait conduire Ben Chacherre jusqu'à un restaurant, où ils ont mangé un morceau. Vingt minutes plus tard, ils étaient en route pour la Nouvelle-Orléans et Gramont apprit pour la première fois le meurtre de Joseph Maillard par le Midnight Masquer et l'arrestation de Bob Maillard pour ce crime.

# CHAPITRE XII

## *L'ultimatum*

Le lendemain matin, Gramont appela Jachin Fell et Lucie Ledanois au téléphone. Il les informa brièvement du résultat de son enquête pétrolière et organisa un rendez-vous à dix heures, au bureau de Fell.

Il était un peu moins de dix heures lorsque Gramont appela Lucie avec la voiture. Sous le charme de son empressement souriant, la dureté disparut de son visage ; cela revint un instant plus tard, car il vit qu'elle aussi était changée. Il y avait au-dessus d'eux deux un nuage. Celle de Gramont était secrète et maussade. Quant à Lucie, elle était en deuil. Le meurtre de Joseph Maillard, l'arrestation et la culpabilité incontestable de Bob Maillard éclipsaient tout le reste dans son esprit. Même la nouvelle de l'infiltration de pétrole et le fait qu'elle était probablement maintenant sur le chemin de la richesse ne semblaient pas l'impressionner.

« Dieu merci, » dit-elle sincèrement tandis qu'ils se dirigeaient vers Canal Street, « qu'en ce qui vous concerne, Henry, l'affaire Midnight Masquer ait été résolue avant que cette tragédie n'ait lieu ! C'était terriblement imprudent de votre part... "

"Oui", répondit sobrement Gramont en lisant sa pensée. "Je peux me rendre compte de ma propre folie maintenant. Si cette affaire devait être portée à ma porte, une sorte de dossier pourrait être monté contre moi, et cela semblerait plausible. Mais, heureusement, j'étais sorti de là à temps. Si nous étions de simples personnages dans un roman policier standardisé, je suppose que je serais arrêté et inondé de suspense, d'indices, etc.

"Votre évasion était trop étroite pour en plaisanter, Henry," le réprimanda-t-elle gravement.

"Je ne plaisante pas, ma chère Lucie. Je n'ai rien appris sur la tragédie jusqu'à tard dans la nuit. D'après ce que j'ai pu trouver dans les journaux, il semble convenu que Bob n'était pas le vrai Masquer, mais qu'il avait pris cette apparence pour plaisanter. . Une plaisanterie tragique ! Puisqu'il était sans aucun doute ivre à ce moment-là, son histoire ne peut pas être considérée comme très convaincante. Et pourtant, il est terriblement difficile de croire que, même par accident, un fils ait abattu son propre père... —"

"Ne le faites pas!" Lucie grimaça un peu. "Malgré toutes les preuves contre lui, malgré la façon dont il a été retrouvé avec cet uniforme d'aviation, c'est toujours horrible à croire. Je n'arrive pas à réaliser que cela s'est réellement produit."

"D'après les journaux, la pauvre Mme Maillard est en morceaux. Ce n'est pas étonnant."

"Oui. J'étais là avec elle toute la journée hier et j'y retournerai aujourd'hui. On dit que Bob est terriblement brisé. Il a envoyé chercher sa mère et elle a refusé de le voir. Je ne sais pas comment tout cela se passe. va se terminer ! Pensez-vous que son histoire pourrait être vraie – que quelqu'un d'autre aurait pu jouer le rôle du Masquer cette nuit-là ?

Gramont secoua la tête.

"C'est possible", dit-il à contrecœur, "et pourtant cela semble peu probable. Et maintenant, Lucie, je suis vraiment désolé de le dire, mais tu dois te préparer à un autre choc dans un avenir proche."

"Que veux-tu dire ? A propos du pétrole———"

"Non. C'est une histoire trop longue à vous raconter maintenant ; nous voici à la Maison Blanche. Souvenez-vous juste de mes paroles, s'il vous plaît. C'est quelque chose que je ne peux pas aborder maintenant."

"Très bien. Henry ! Pensez-vous qu'il soit possible que votre chauffeur, Hammond, ait pu avoir connaissance de la beuverie et ait pu..."

Gramont sursauta. "Hammond ? Non. Je répondrai à sa place sans aucun doute, Lucie. Au fait, est-ce que Fell sait quelque chose sur le fait que Hammond ait été le premier Masquer ?"

"Pas de ma part", dit la jeune fille en le regardant.

"Très bien. Hammond a eu quelques ennuis à Houma, et j'ai dû le laisser là. Ce n'était pas de sa faute, et il s'en sortira bien. Eh bien, venez à notre réunion pétrolière ! Oubliez vos ennuis et ne laissez pas mes croassements à propos d'un nouveau choc vous inquiéter pour l'instant.

Il pensait à Jachin Fell et à la proximité de la jeune fille avec Fell. S'il n'avait pas su que Fell était responsable de l'incarcération de Hammond, il aurait peut-être ressenti différemment. Dans l'état actuel des choses, il était désormais prévenu et armé, même s'il ne voyait pas quelle animosité Fell pouvait avoir contre Hammond.

C'était une chance, pensa-t-il sombrement, qu'il n'ait jamais insufflé à personne, sauf à Lucie, le fait qu'Hammond avait été le premier Masquer ! Si Fell avait su ce fait, son désir de mettre Hammond par les talons aurait pu être facilement exaucé – et Hammond se serait probablement retrouvé accusé du meurtre de Maillard.

Ils trouvèrent Jachin Fell en train de dicter à un sténographe. Il les salua chaleureusement et les conduisit aussitôt dans son bureau privé.

Gramont eut du mal à se convaincre que ses expériences de l'après-midi précédent étaient réelles. Il était presque impossible de croire que ce petit homme en gris, timide et désolé, était en réalité "l'homme d'en haut !" Pourtant, il savait que c'était le cas – il le savait au-delà de toute échappatoire.

"Au fait," et Fell se tourna vers Gramont , "si vous voulez bien dicter une brève déclaration concernant cette infiltration de pétrole, je serais obligé ! Donnez simplement les faits. J'aurai peut-être besoin d'une telle déclaration de votre part."

Gramont hocha la tête et rejoignit le sténographe dans le bureau extérieur où il dicta une brève déclaration. Il ne lui vint pas à l'esprit qu'il pouvait y avoir un danger à cela ; pour le moment, il était plutôt au dépourvu. Il pensait tellement à son futur assaut sur Fell qu'il ignorait complètement la possibilité d'être placé sur la défensive.

Cinq minutes plus tard, il était revenu vers Lucie et Jachin Fell, qui discutaient de l'état de Mme Maillard. Gramont signa la déclaration et la remit à Fell, qui la déposa avec d'autres papiers à ses côtés.

"Je suppose que nous pouvons passer aux choses sérieuses ?" commença Fell. " J'ai rédigé des statuts de société ; nous pourrons demander la constitution plus tard si nous le désirons. Lucie, Henry Gramont et moi mettons vingt-cinq mille dollars dans cette société, pendant que vous mettez dans votre terrain que j'évalue. à un montant égal. Le stock sera donc partagé également entre nous. Cela est compris ?

"Oui. C'est très gentil de votre part, oncle Jachin ", dit doucement la jeune fille. "Je laisse tout à votre jugement."

Le petit homme gris sourit.

"Le jugement est un cheval médiocre à monter, comme l'a dit Eliza lorsqu'elle a traversé la glace. Voici tout en noir sur blanc. Je vous suggère de parcourir tous les deux les articles, de vous inscrire, et nous tiendrons alors notre première réunion."

Gramont et Lucie ont relu l'accord de partenariat et l'ont trouvé parfaitement correct.

"Très bien, alors, la séance est ouverte ! " Jachin Fell sourit en frappant sur le bureau devant lui. « Élection des dirigeants… non, attendez ! La première chose à faire est de donner un nom à notre entreprise. Des suggestions ?

"J'y pensais hier soir", dit Lucie en souriant un peu. « Pourquoi ne pas l'appeler « American Prince Oil Company » ? Et ses yeux se tournèrent joyeusement vers Gramont .

"Excellent!" s'exclama Jachin Fell. "Mon vote tombe avec le vôtre, ma chère, je remplirai les espaces vides avec ce nom. Passons maintenant à l'élection des officiers."

"Je nomme Jachin Fell à la présidence", dit rapidement Gramont .

« Appuyé ! » s'écria gaiement la jeune fille, un peu de couleur dans ses joues pâles.

"D'autres nominations ? Sinon, approuvées et ordonnées", a secoué Fell en riant. "Pour le poste de trésorier———"

"Mlle Lucie Lédanois !" dit Gramont . "Déplacez les candidatures comme closes."

"Appuyé et adopté par un vote des deux tiers des actionnaires", gazouilla Fell de sa voix atone. "Ainsi approuvé et ordonné. Pour le secrétaire———"

"Notre troisième actionnaire", intervint Lucie. "Il faudra bien sûr qu'il soit officier !"

"Appuyé et adopté. Ainsi approuvé et ordonné." M. Fell frappa sur la table. "Nous allons maintenant avoir le rapport de notre géologue expert plus détaillé que celui qui nous a été donné jusqu'à présent."

Gramont raconta qu'il avait trouvé le pétrole ; il ne se laissa pas emporter par la gaie et fausse solennité de Jachin Fell, et il resta grave. Il a ensuite raconté comment il avait obtenu l'option de bail sur le terrain adjacent et a suggéré que d'autres options de ce type soient immédiatement garanties sur d'autres propriétés du quartier . Il a remis l'option à Fell, qui l'a déposée avec les autres documents.

"Et maintenant, j'ai ma propre proposition à faire", a déclaré Jachin Fell. Il paraissait sobre, comme influencé par les manières de Gramont . "Bien que nous ayons effectivement trouvé du pétrole sur place, il n'y a aucun moyen de dire quelle quantité nous trouverons lorsque nous forerons, ni quelle sera sa qualité. N'est-ce pas exact, M. Gramont ?"

"Tout à fait," acquiesça Gramont . "Il y a bien sûr de fortes chances que nous trouvions du pétrole à la fois en qualité et en quantité. D'un autre côté, les infiltrations peuvent être la seule solution. Le pétrole est un pari du début à la fin. Personnellement, cependant, je parierais gros. sur cette perspective."

"Naturellement", a déclaré M. Fell. "Cependant, j'ai discuté du commerce pétrolier avec un certain nombre d'hommes activement engagés dans ce domaine dans le champ de Houma. Je pense pouvoir affirmer en toute sécurité que je peux disposer des droits miniers sur les terres de notre société, ainsi que de cette option de location. obtenu hier sur le terrain attenant, pour une somme d'environ cent cinquante mille dollars, réservant à notre compagnie un seizième intérêt dans tout pétrole situé sur la propriété. Personnellement, je crois que cela peut être fait, et je suis prêt à entreprendre les négociations si c'est le cas , habilité par une note de nos actionnaires. Lucie, cela ne vous dérange pas si nous fumons, je sais ? Laissez-moi vous offrir un cigare, M. Gramont .

Gramont prit un des El Rey qu'on lui offrait et l'alluma au milieu d'un silence stupéfait. La proposition de Fell fut pour lui un véritable choc, et déjà il la considérait à la lumière d'une suspicion immédiate.

"Eh bien, s'écria Lucie les yeux écarquillés, cela ferait cinquante mille dollars pour chacun de nous, et pas un centime dépensé !"

"Au cas où cela se passerait sur cette base", a ajouté Jachin Fell, les yeux rivés sur Gramont , "je voterais pour que la totalité de la somme revienne à Miss Lédanois . Sa terre seule est concernée. Si elle souhaite ensuite investir avec nous dans une nouvelle société pour exploiter d'autres gisements, tant mieux. Un instant, ma chérie ! Ne protestez pas contre cette suggestion. Le seizième intérêt réservé à notre société fournirait à M. Gramont et à moi une récompense substantielle pour notre légère activité en la matière. N'oubliez pas cet intérêt, car il peut représenter une somme importante.

"Bien", acquiesça Gramont . "J'appuierais votre vote, M. Fell; je pense que l'idée est très juste et appropriée que Miss Ledanois reçoive la totalité du montant."

Lucie semblait un peu déconcertée.

"Mais... mais, Henry !" s'exclama-t-elle. « Que pensez-vous de vendre le bail à ces autres hommes ?

Gramont observait la fumée de son cigare d'un air pensif, tout à fait conscient que M. Fell le regardait avec un regard très constant.

"Je ne peux pas répondre à ta place, Lucie", dit-il enfin. "Je ne prétendrais pas donner de conseils."

M. Fell parut légèrement soulagé. Lucie persistait cependant.

« Alors, que ferais-tu si tu étais à ma place ?

Gramont haussa les épaules.

" Dans ce cas, " dit-il lentement, " je jouerais. Nous savons que du pétrole est dans ce sol ; nous savons qu'il a été trouvé en grandes quantités à Houma ou à proximité. À mon avis, il n'y a aucun doute sur ce point. votre terre fait partie du même gisement de pétrole, et il est riche. Vendre les quinze seizièmes de ce pétrole pour cent cinquante mille, c'est le donner. Je préférerais tenter ma chance en frappant un puits de vingt mille barils. et avoir tout cela pour moi tout seul. Cependant, ne tenez pas compte de mes paroles, ce n'est pas mon affaire.

Lucie jeta un coup d'œil à Jachin Fell.

"Vous pensez que c'est la meilleure chose à faire ; Henry ne le pense pas", réfléchit la jeune fille. "Je sais que vous pensez tous les deux à moi... à me procurer cet argent. Quand même, oncle Jachin , je... je ne serai pas prudent ! Je jouerai ! D'ailleurs," ajouta-t-elle avec une naïveté souriante, " Je ne suis pas du tout disposé à renoncer à avoir une véritable compagnie pétrolière dès sa création ! Nous allons donc vous mettre en minorité, oncle Jachin .

Malgré leur tension, les deux hommes sourirent à ses derniers mots.

"Ma motion n'a pas encore été présentée ", a déclaré Fell. Son rejet de sa proposition n'a eu aucun effet sur son attitude timide et douce. "Voulez-vous nous excuser un instant, Lucie ? Si je peux vous parler dans le bureau extérieur, M. Gramont , j'aimerais vous montrer quelques éléments confidentiels qui pourraient influencer votre décision à cet égard."

Lucie hocha la tête et se laissa tomber dans son fauteuil.

Gramont accompagna Fell au bureau extérieur, où Fell envoya le sténographe tenir compagnie à Lucie. Lorsque la porte se fut fermée et qu'ils furent seuls, Fell prit une chaise et fit signe à Gramont d'en choisir une autre. Une brusquerie froide était évidente dans ses manières.

" Gramont ", dit-il vivement, "je vais présenter cette motion et je veux que vous votiez avec moi contre Lucie. Malheureusement, je n'ai qu'un tiers des voix. Je pourrais convaincre Lucie d'être d'accord, mais elle est une personne difficile avec qui discuter. Je veux donc dire que vous voterez avec moi – et je vais mettre mes cartes sur la table devant vous.

"Ah!" Gramont le regarda froidement. "Vos cartes devront être de puissantes persuasives !"

"Ils le sont", répondit Jachin Fell. "J'ai soigneusement mené jusqu'à ce point , celui de la vente. J'ai pratiquement arrangé toute l'affaire. Je propose de vendre les droits miniers sur ces terres, en grande partie sur la base de la déclaration signée que vous m'avez remise il y a quelques instants. " Cette déclaration fera l'objet d'une large publicité et sera étayée par d'autres rapports sur les infiltrations de pétrole. "

"Tu m'intéresses étrangement." Gramont se renversa sur sa chaise. Les yeux des deux hommes se rencontrèrent et se tinrent dans un froid défi, une froide hostilité. "Quelle est ta motivation, Fell ?"

"Je vais vous le dire : c'est l'intérêt de Lucie Ledanois ." Dans le regard de Fell il y avait une étrange gravité. Dans ces yeux gris pâle, il y avait maintenant une lueur de sincérité farouche qui surprenait et avertissait Gramont . Fell continua avec une trace d'excitation dans son ton.

" J'ai connu cette fille toute sa vie, Gramont , et je l'aime comme un père. J'ai aimé sa mère avant elle, d'une autre manière. Je peux vous dire qu'en ce moment Lucie est pauvre. Sa maison est hypothéquée ; En fait, elle ne sait pas à quel point elle est pauvre. Bien sûr, elle n'acceptera aucun cadeau de ma part. Mais le fait qu'elle obtienne cent cinquante mille dollars dans le cadre d'un accord commercial résoudra tous ses problèmes, la mettra en place. debout pour la vie!"

"Je vois", dit Gramont avec une impulsion dure. "Que pensez-vous en sortir?"

Il regretta instantanément ces paroles. Fell se leva à moitié de sa chaise comme pour leur répondre d'un coup. Gramont , conscient de son erreur, s'empressa de la rétracter.

"Pardonnez-moi, Fell," dit-il rapidement. "C'était une insinuation injuste, et je le sais. Pourtant, je ne parviens pas à être d'accord avec vous. Je suis fermement convaincu qu'une fortune en pétrole sera faite sur les terres de Lucie. Je peux tout simplement "Je n'accepterai pas de vendre pour une somme dérisoire, et je me battrai pour la persuader de ne pas le faire ! En y réfléchissant, ce ne serait pas seulement pour elle. Je ne pense, comme vous, qu'à elle. intérêt."

Une lueur de moquerie sardonique brillait dans les yeux pâles de Jachin Fell.

"Vous fondez votre ferme conviction", interrogea-t-il, "en grande partie sur votre découverte du pétrole libre ?"

"Dans une large mesure, oui."

"Je pensais que tu le ferais", et Fell rit durement.

"Que veux-tu dire?"

- Je veux dire, dit l'autre avec ferveur, que depuis un mois j'ai travaillé pour vendre ce terrain ! J'ai accroché et débarqué le petit Maillard, ça eût été une justice poétique de lui faire remettre une petite fortune à Lucie. ! Mais cette affaire n'est pas conclue, puisqu'il est en prison. Et savez-vous pourquoi le jeune Maillard voulait acheter le terrain ? Pour la même raison que vous ne

voulez pas vendre. Je l'ai envoyé là-bas et il a vu cette fuite de pétrole, comme
Je voulais dire qu'il devrait le faire ! Il pensait qu'il allait dépouiller Lucie de
ses terres, sans rêver que j'avais préparé un joli petit piège pour l'avaler.

"Mec, vers quoi tu conduis ?" s'écria Gramont . Il fut surpris par ce
qu'il lisait sur le visage de l'autre homme.

— Simplement parce que j'ai provoqué cette fuite de pétrole moi-
même – ou que je l'ai fait faire par des hommes en qui je pouvais avoir
confiance, dit calmement Jachin Fell. Il se rassit sur sa chaise et prit son cigare
d'un air déterminé. "C'est un aveu sans vergogne. J'aime Lucie plus que ma
propre pureté éthique. D'ailleurs, je n'ai l'intention de faire de tort à personne
en la matière."

Gramont resta stupéfait au-delà des mots. L'infiltration d'huile : une
plante !

Bien sûr, cela aurait pu être fait très facilement. Alors qu'il restait
silencieux, les motifs qui sous-tendaient toute l'action de Fell se déroulèrent
devant lui. La révélation étonnante de l'intrigue de Jachin Fell visant à enrichir
la jeune fille l'a laissé perplexe. Ceci, ajouté à ce qu'il avait appris la veille à
propos de Jachin Fell, mettait sa propre ligne de conduite dans une grave
perplexité.

Il n'y avait aucune raison de douter de ce que disait Fell. Gramont
croyait le petit homme sincère dans son amour pour Lucie.

"Quel que soit le résultat, votre réputation n'en sera pas affectée", dit
tranquillement Fell. "La société qui achètera ce terrain de Lucie est contrôlée
par moi. Vous comprenez ? Même si jamais aucun pétrole n'y est trouvé, je
veillerai à ce que vous ne soyez pas blessé à cause de cette déclaration signée."

Gramont hocha la tête, compréhensif. Il se rendit compte que Fell avait
conçu tout ce projet commercial avec une ingéniosité infernale ; Il l'avait
imaginé pour tirer cent cinquante mille dollars de sa poche et les mettre dans
celle de Lucie. C'était un cadeau que la jeune fille n'accepterait jamais comme
cadeau, mais qui, s'il se présentait dans le domaine des affaires , la rendrait
financièrement indépendante. Personne ne serait fraudé. Il n'y avait là aucune
chicane. La chose était assez simple.

"Ce n'est pas tout à fait tout mon plan", poursuivit Fell, comme s'il
lisait les pensées inexprimées de Gramont . "Dès que cette nouvelle sera
publique, dès que votre déclaration sera publiée, il y aura un formidable boom
dans toute cette rubrique. Je prendrai en charge l'argent de Lucie, et d'ici trois
semaines je devrais le doubler, le tripler, pour elle. Avant " Si le boum éclate,
elle sera hors de tout et riche. Maintenant, mon cher Gramont , je ne présume

pas que vous refuserez encore de voter avec moi ? J'ai été très franc, voyez-vous. "

Gramont remua sur sa chaise.

"Oui!" dit-il à voix basse. "Oui, par le ciel, je refuse !"

Avec un effort, il réprima les mots brûlants et impulsifs qui étaient sur sa langue. Un mot maintenant pourrait le ruiner. Il n'osait pas dire qu'il ne voulait pas voir l'argent de Fell passer entre les mains de Lucie – l'argent gagné par la fraude, le vol et le crime ! Il n'osait pas donner les raisons de son refus. Il avait maintenant l'intention d'écraser Fell complètement – mais un seul mot erroné avertirait l'homme. Il ne doit rien dire.

"Ce n'est pas du travail ordinaire, Fell. Quelles que soient tes motivations, je refuse de te rejoindre."

Jachin Fell soupira légèrement et posa son cigare avec précision.

« Gramont , » sa voix était accompagnée du doux ronronnement menaçant d'un ton de gorge de tigre, « je vais maintenant ajourner cette réunion de société de deux jours, jusqu'à samedi matin, afin de vous donner un peu de temps pour reconsidérer votre décision. Jeudi. D'ici samedi..."

"Je n'ai pas besoin de temps", a déclaré Gramont .

"Mais vous en aurez besoin. Je suppose que vous savez que Bob Maillard a été arrêté pour parricide ? Vous connaissez les preuves contre lui, toutes circonstancielles ?"

Gramont fronça les sourcils. "Qu'est-ce que cela a à voir avec nos affaires actuelles ?"

"Beaucoup, j'imagine." Un mince sourire dessina les lèvres de Jachin Fell. "Maillard n'est pas coupable du meurtre, mais vous l'êtes."

"Menteur!" Gramont sursauta de sa chaise alors que ces trois mots le brûlaient. "Menteur ! Eh bien, tu sais que je suis rentré chez moi———"

"Ah, attends !" Fell leva la main pour réclamer la paix. Sa voix était calme. " Ansley et moi vous avons tous deux vu partir, certainement. Nous avons appris depuis que vous n'êtes rentré chez vous que quelque temps après minuit. Vous n'avez absolument aucun alibi, Gramont . Vous pouvez bien sûr prétendre que vous erriez dans les rues... "

"Comme j'étais!" s'écria Gramont avec véhémence.

" Alors prouvez-le, mon cher ; prouvez-le, si vous le pouvez. Maintenant, nous allons garder Lucie en dehors de tout cela. Que reste-t-il ? Je sais que vous étiez le Masque de Minuit. Mon homme, Ben Chacherre , peut le prouver par un autre homme. qui l'accompagnait, que le butin du Masquer avait été pris dans votre voiture. Un dictographe dans le bureau privé, là-bas, contient un enregistrement de la conversation entre nous de l'autre matin, dans laquelle vous avez avoué ouvertement être le Masquer.

"Une fois, permettez-moi de remettre cet ensemble de preuves au procureur, et vous serez très certainement jugé. Et, si vous êtes jugé, je peux vous promettre fidèlement que vous serez condamné. J'ai des amis, voyez-vous, et beaucoup d'entre eux ont de l'influence dans de si petites affaires. »

Ce n'était pas un joli sourire qui courbait les lèvres de Fell.

Gramont réprima toute réponse, se tenant au silence avec une ferme volonté. Il n'osait rien dire, de peur d'en dire trop. Il comprit que Fell pouvait en effet lui causer des ennuis et qu'il devait porter son propre coup à Fell sans trop tarder. C'était une bataille, maintenant ; un combat jusqu'au bout.

Fell considérait Gramont avec gaieté, semblant prendre ce silence écrasé comme une preuve de son propre triomphe.

"De plus," ajouta-t-il, "votre homme Hammond est maintenant en prison à Houma, comme vous le savez, pour le meurtre du shérif. Maintenant, mon influence ne se limite pas à cette ville, Gramont , je pourrai peut-être innocenter Hammond de cette accusation - si vous décidez de voter avec moi. Je peux garder ce que je sais sur le Masque de Minuit de la presse et du procureur - si vous décidez de voter avec moi. Vous comprenez ?

Gramont hocha la tête. Il comprenait maintenant pourquoi Fell voulait « obtenir quelque chose » sur Hammond. Fell avait estimé à juste titre que Gramont ferait plus pour sauver Hammond que pour se sauver lui-même.

— Vous pensez donc que j'ai assassiné Maillard ? Il a demandé.

" Gramont , je ne sais pas quoi penser, et c'est la vérité !" » répondit Fell avec un regard constant. "Mais je suis absolument déterminé à faire passer cet accord pétrolier, à rendre Lucie Lédanois au moins indépendante, sinon riche. Je peux le faire, j'ai fait tous mes plans pour le faire, et... je le *ferai* !

"Nous tiendrons une autre réunion après-demain, samedi matin." Tombé rose. "Cela me donnera le temps de conclure tous les arrangements. J'espère, M. Gramont , que vous voterez avec moi pour l'ajournement ?"

"Oui", dit Gramont d'un ton sourd. "Je vais."

"Merci", et Jachin Fell s'inclina légèrement, non sans une trace de moquerie dans son air.

# CHAPITRE XIII

### *La pièce tombe face*

GRAMONT était assis dans sa propre chambre cet après-midi-là. Il lui semblait qu'il avait quitté la ville depuis des semaines et des mois. Pourtant, seulement un jour s'était écoulé. Il était assis et palpait le seul courrier qui lui était parvenu : un avis du poste de la Légion américaine auquel il avait adhéré, indiquant qu'il y aurait une réunion ce jeudi soir. Seulement jeudi ! Et demain, c'était vendredi.

S'il devait agir contre le quartier général de la bande de Fell, il devait agir le lendemain ou ne pas agir du tout. Gumberts devait être là-bas demain. Gumberts parlerait avec le petit homme miteux aux dents saillantes et aux végétations adénoïdes, il découvrirait que Gramont s'est imposé sur le bonhomme, et il y aurait des bouleversements. La bande prendrait certainement la fuite, ou du moins ferait en sorte que Gramont se taise.

Il était assis, feuilletant le courrier de la Légion et retournant les événements dans son esprit. Il avait une animosité particulière contre Fell. Tout ce que le petit homme gris avait fait l'avait fait avec la pensée de Lucie Lédanois comme aiguillon.

"Pourtant, il ne peut pas se rendre compte que Lucie n'aurait pas cet argent si elle savait que cet argent provenait de sources criminelles", pensa-t-il en souriant amèrement. "Il a longtemps comploté pour faire fortune pour elle, et maintenant il est déterminé à y parvenir indépendamment de moi. Il a été intelligent de sa part d'emprisonner Hammond ! Il a deviné que je ferais beaucoup pour sauver la rousse... plus même que de me sauver. Très malin ! Et maintenant, il est presque sûr qu'il m'a coincé entre une fente où je ne peux pas me tortiller.

« Si je dois porter un coup, je devrai le faire demain — avant midi également. Je devrai partir d'ici très tôt et y arriver avant Gumberts . Qu'est-ce que c'était, Hammond ? " J'ai dit ce jour-là à son sujet - que personne dans le pays n'avait jamais attrapé Memphis Izzy ? Je parie que je pourrais le faire, et toute sa bande avec lui - si je savais comment. C'est là le problème ! Fell n'hésitera pas une minute à m'avoir " Arrêté. Et comme il l'a dit, une fois qu'il m'aurait fait arrêter, je serais parti. Il doit être capable d'exercer une puissante influence, cet homme ! "

Doit-il frapper ou pas ? S'il frappait, il pourrait s'attendre à subir tout le poids de la vengeance de Jachin Fell, à moins que son coup n'inclue Fell parmi les victimes.

Gramont réfléchissait encore à ce dilemme lorsque Ben Chacherre arriva.

Gramont entendit la voix de l'homme dans l'escalier. L'impudence de Ben, peut-être ajoutée à son nom et au créole français sur ses lèvres, l'avait fait passer devant le concierge à l'improviste, non sans un échange continu de réparties qui servait à avertir Gramont de la présence du visiteur. Souriant sinistrement, Gramont sortit une pièce de monnaie de sa poche et la lança.

La pièce tomba face. Il le remit dans sa poche tandis que Ben Chacherre frappait et ouvrit la porte.

"Ah, Chacherre !" il s'est excalmé. "Entrez.

Ben entra à l'intérieur et ferma la porte.

"Je vous ai apporté un message, M. Gramont ," dit-il avec désinvolture, et il tendit une note.

Gramont déchira l'enveloppe et lut une brève communication :

> Merci de me faire part de votre réponse au plus vite. Demain soir au plus tard. Il faudra arranger les affaires pour samedi.
>
> JACHIN EST TOMBÉ.

Pour arranger les affaires ! Fell tenait pour acquis que Gramont donnerait son accord, sous la force de la persuasion, au projet. Il aurait probablement tout prêt, et s'il était assuré d'ici vendredi soir de l'assentiment de Gramont , il tirerait alors ses ficelles et conclurait peut-être l'affaire avant le lundi suivant.

La réunion de l'entreprise avait été ajournée à samedi matin. Gramont réfléchit un instant, puis se dirigea vers son secrétaire buhl et l'ouvrit. Chacherre s'était déjà assis. Gramont a écrit :

> MON CHER M. FELL ,
>
> Si vous décidez d'organiser la réunion d'entreprise pour demain soir, disons à neuf heures, à votre bureau, je pense que tout pourra alors être arrangé. Comme je ne verrai peut-être pas Miss Ledanois d'ici là, aurez-vous la gentillesse d'assurer sa présence à la réunion ?

Il a adressé une enveloppe au bureau de Fell, puis l'a tamponnée et mise dans sa poche.

"Eh bien, Chacherre ", dit-il en se levant et en revenant au créole, "d'autres nouvelles de Houma ? On n'a pas encore trouvé le véritable meurtrier ?"

L'autre se leva avec une exclamation de surprise. Ce faisant, le poing de Gramont l'atteignit en plein sur la pointe de la mâchoire.

Chacherre s'effondra sur sa chaise, insensé pour le moment.

"J'ai peur de prendre des risques avec toi, mon bel oiseau", dit Gramont en se frottant les jointures. "Vous êtes de loin trop intelligent et trop habile avec vos armes !"

Il se procura des tissus et attacha fermement les chevilles et les poignets de Chacherre . Non content de cela, il plaça l'homme sur la chaise et l'y attacha avec des nœuds impitoyables. Alors qu'il achevait sa tâche, Chacherre ouvrit les yeux et regarda rapidement autour de lui.

« Etes-vous enfin réveillé, n'est-ce pas ? dit Gramont avec bonhomie. Il prit sa pipe, la remplit et l'alluma. Les yeux de Chacherre étaient maintenant fixés sur lui avec venin. "Dommage pour toi, Chacherre , que la pièce soit tombée en tête-à-tête ! Cela signifiait de l'action."

"Êtes-vous fou?" murmura l'autre en français. Gramont rit et répondit dans la même langue.

"Ça ressemble à ça, n'est-ce pas ? Tu es glissant, mais maintenant tu es pris."

Chacherre a dû se rendre compte qu'il était en danger. Il arrêta un juron et regarda Gramont avec un sang-froid constant.

"Sois prudent!" dit-il d'une voix mortelle. "Que veux-tu dire par là?"

Gramont le regarda et tira une bouffée de sa pipe.

"Le jeu est terminé, Ben", observa-t-il. "Je sais tout sur cet endroit là-bas, sur les voitures et sur la loterie. Votre gang a passé un moment agréable, hein ? Mais maintenant, vous et les autres allez faire un petit travail pour l'État sur les gangs de la route. "

"Bah ! *Ça ? va river dans la semaine quatte Zheudis !*" cracha Chacherre avec mépris. " Cela arrivera dans la semaine des quatre jeudis, imbécile ! Alors tu es au courant, hein ? Mon maître va bientôt te fermer la bouche !"

"Il ne peut pas", dit placidement Gramont . "Vous serez tous en état d'arrestation."

Chacherre rit avec mépris, puis parla avec cette gravité mortelle.

" Écoutez, vous êtes un étranger ici ? Eh bien, puisque vous en savez tant, je vais vous en dire plus ! Nous ne pouvons pas être arrêtés, et même si vous nous faites pincer, nous ne serons jamais condamnés. N'est-ce pas ? " Vous comprenez ? Nous avons de l'influence ! Il y a des hommes ici à la Nouvelle-Orléans, des hommes à l'Assemblée législative, des hommes à Washington, qui ne nous verront jamais agressés ! "

"Ils seront surpris", a déclaré Gramont , même s'il estimait que les paroles de l'homme étaient vraies. "Mais ils ne sont pas tous tes amis, Ben. Je ne pense pas que le gouverneur de l'État fasse partie de ton gang. C'est un homme plutôt hétéro, Ben."

"C'est un imbécile comme toi ! Qu'est-ce qu'il est ? Une marionnette ! Il ne peut rien faire sauf nous pardonner si le pire arrive. Tu ne peux pas nous toucher."

"Eh bien, peut-être pas", acquiesça Gramont en tapotant sur sa pipe. "Peut-être pas, mais nous verrons ! Tu sembles très sûr de ta position, Ben."

Encouragé, Ben Chacherre rit insolemment.

"Lâchez-moi", ordonna-t-il. "Ou bien vous prendrez la route pour le travail du Masque de Minuit ! Mon maître a un dictographe dans son bureau et a enregistré vos aveux."

"Donc?" demanda Gramont , les sourcils levés. « Vous semblez avoir la confiance de M. Fell, Ben. Mais je pense que je vais vous laisser occupé un moment. Memphis Izzy descend à son chalet d'été demain, n'est-ce pas ? mais vous ne le ferez pas. Au fait, je pense que je ferais mieux de regarder dans vos poches.

Ben Chacherre se tordit brusquement, lançant une tempête de malédictions sur Gramont .

Ce dernier, sans prêter attention aux contorsions de son captif, fouilla minutieusement l'homme. À l'exception d'un rouleau d'argent, les poches n'ont donné que peu d'intérêt. Le seul papier obtenu par Gramont était un nouveau formulaire télégraphique. Il aurait passé cela sans y prêter attention s'il n'avait pas remarqué un regard serpentin de Chacherre .

"Ah!" dit-il agréablement. " Cela semble vous intéresser, Ben. Je vous prie, quel est le secret ? "

Chacherre se contenta de le regarder en silence. Gramont inspecta le blanc et une soudaine exclamation lui jaillit. Il présenta le morceau de papier jaune à la lumière sous différents angles.

"C'est la chose la plus naturelle au monde", dit-il après un moment, "qu'un homme entre dans un bureau de télégraphe, rédige son télégramme et découvre ensuite qu'il a déchiré deux blancs au lieu d'un du bloc-notes sur le bureau. Je l'ai fait souvent, et j'ai toujours mis le blanc supplémentaire dans ma poche, Ben, pensant que cela pourrait être utile, tout comme toi, hein ? Maintenant, voyons voir !

"Vous étiez excité quand vous avez écrit ceci, n'est-ce pas ? Vous veniez de penser à quelque chose de très important, et vous vous en êtes occupé à la hâte, ce qui vous a fait taper assez fort sur votre crayon. Qui est Dick Hearne à Houma ? Un agent du gang là-bas ?

Chacherre se contenta de lui lancer un regard furieux, maussade et provocateur. Mot à mot, Gramont rédigea le message :

Brûlez un paquet sous la banquette arrière de ma voiture. Je l'ai fait immédiatement.

Gramont leva les yeux et sourit légèrement.

"Ta voiture ? Pourquoi, tu l'as laissée dans le garage chez Gumberts , hein ? Le petit roadster de Fell, avec le siège supplémentaire derrière. Si tu avais été un peu plus cool hier, Ben, tu aurais fait moins " Des erreurs. Il ne vous est jamais venu à l'esprit que d'autres personnes auraient pu être là dans les buissons lorsque le shérif a été assassiné, hein ? "

Chacherre devint furieux.

"C'était une autre erreur de jeter votre couteau après l'avoir tué", poursuivit Gramont d'un ton pensif. "Tu aurais dû garder ce couteau, Ben. Il n'y a pas de sang, souviens-toi, sur le couteau de Hammond - une chose difficile à expliquer de manière plausible pour toi et tes amis. Pourtant, votre couteau est lourd de sang, et les tests montreront qu'il s'agit de sang humain. ... En plus, le couteau porte votre nom, un très beau couteau aussi. Dans l'ensemble, vous devez admettre que vous avez raté le meurtre du début à la fin... "

Chacherre intervint avec un serment épouvantable, une tempête de malédictions frénétiquement obscènes. Ses paroles étaient si furieuses que Gramont le bâillonna très efficacement avec des tissus, le bâillonna fort et vite.

"Vous avez également fait une erreur en oubliant de brûler ce paquet, dans votre enthousiasme à l'idée de faire emprisonner Hammond pour le meurtre", observa-t-il en regardant Chacherre se tordre. "Non, tu ne peux pas te libérer, Ben. Tu souffriras un peu d'ici le moment de ta libération, mais je n'ai vraiment pas beaucoup de pitié pour toi.

" Je pense que j'enverrai un autre télégramme à Dick Hearne sur ce blanc que vous avez si gentiment fourni. Je lui ordonnerai, en votre nom, de ne pas brûler ce paquet après tout ; j'imagine que cela pourrait s'avérer d'une certaine valeur pour moi. " Et je dirai également à votre ami – je suppose qu'il a un nom familier, tel que *Slippery Dick* – de rencontrer *Henry Gramont* à Houma tôt le matin. J'aimerais rassembler Dick avec les autres messieurs. Je vais mentionnez que vous avez eu la gentillesse de fournir quelques noms et incidents.

A ce dernier Ben Chacherre se tordit de nouveau, car c'était un coup astucieux. Lui et ses amis appartenaient à cette classe d'escrocs qui ne « pêchent » jamais. Si par hasard un membre de cette classe est emprisonné et condamné, il prend invariablement ses médicaments en silence, sachant que toute la bande est derrière lui et que lorsqu'il sortira de prison , il sera sûr de trouver de l'argent, des amis et une occupation qui l'attendent.

Savoir qu'il serait placé, dans l'estime du gang, dans la même classe que les pigeons d'escabeau, il a dû mordre plus profondément en Ben. Chacherre que n'importe quel autre cil. Il regardait Gramont avec une haine effroyable dans ses yeux flamboyants, une haine qui se transformait peu à peu en un air d'impuissance et de désespoir impuissant.

Gramont , pendant ce temps, écrivait le télégramme à Dick Hearne. Cela fait, il prit son chapeau et son habit, et sortit du tiroir du bureau un pistolet automatique qu'il empocha. Puis il sourit agréablement à son prisonnier.

"Je reviendrai un peu plus tard, Ben, et j'emmènerai probablement un ami avec moi, un ami qui veillera avec toi ce soir et prendra soin de ta santé. C'est gentil de ma part, hein ? Il se fait tard. dans l'après-midi, mais je ne pense pas que cela vous fera du mal de partir sans dîner. Je téléphonerai à M. Fell pour lui dire que vous avez dit que vous seriez absent pendant quelques heures, hein ?

" Ce soir, Ben, je pense que je vais assister à une réunion de mon poste de la Légion américaine. Tu n'appartiens pas à cette organisation par hasard ? Non, je suis sûr que non. Très peu d'entre eux vos connaissances exclusives ont leur place. Eh bien, à plus tard ! Travaillez sur ces liens autant que vous le souhaitez, vous êtes tout à fait en sécurité. Je suis curieux de voir ce qu'il y a dans ce paquet sous le siège arrière de votre voiture ; j'ai une idée que cela peut s'avérer intéressant. Bonjour!"

Gramont ferma la porte et quitta la maison.

Se rendant au centre-ville, il envoya la lettre à Fell, sûr que ce dernier la recevrait le lendemain matin ; mais il n'a pas téléphoné à Fell. Il préférait laisser l'absence de Chacherre inexpliquée, jugeant à juste titre que Fell ne s'inquiéterait pas particulièrement pour cet homme. C'était maintenant jeudi soir. La réunion de la compagnie pétrolière se tiendrait vendredi soir à neuf heures. Entre ces deux moments, Gramont imaginait qu'il se passait beaucoup de choses.

Il rit en envoyant le télégramme à Dick Hearne à Houma – un télégramme signé du nom Chacherre , ordonnant à Hearne de ne pas brûler le paquet, mais de rencontrer Gramont tôt le matin à Houma. Il avait l'idée très astucieuse que ce Dick Hearne pourrait s'avérer une personne importante à éliminer, et très utile une fois qu'il aurait été éliminé. Dans cette hypothèse, il avait raison.

# CHAPITRE XIV

## *Pack de Chacherre*

Il était sept heures du matin quand Henry Gramont entra en voiture dans Houma.

Dans le télégramme qu'il avait envoyé avec la signature de Chacherre , il avait ordonné à Dick Hearne de rencontrer Gramont à peu près à la même heure dans un restaurant proche du palais de justice. Garant sa voiture au bord du trottoir, Gramont entra dans le restaurant et commanda un petit-déjeuner précipité. Il avait apporté avec lui des exemplaires des journaux du matin et parcourait les récits pitoyables de Bob Maillard sur le meurtre de son père, lorsqu'un inconnu s'arrêta à côté de lui.

« Gramont ? dit l'autre. "Je pensais que c'était toi. Je m'appelle Hearne. J'avais pour ordre de te rencontrer. Quoi de neuf ?"

L'autre homme se laissa tomber sur la chaise en face de Gramont , qui rangea ses papiers. Hearne était un individu élégant au teint pâteux qui, de toute évidence, servait le gang sous un meilleur jour que celui d'intermédiaire et de coursier. Son attitude désinvolte révélait clairement qu'il ne se doutait de rien, bien qu'il n'ait jamais vu Gramont auparavant.

"Affaires", dit Gramont en se penchant en arrière pour laisser la serveuse lui servir son petit-déjeuner. Lorsqu'elle fut partie, il l'attaqua avidement. "Vous avez eu le fil de Chacherre à propos des affaires contenues dans sa voiture ? Elle a été brûlée ?"

"Non. Il l'a annulé juste au moment où je louais une voiture pour me rendre à Paradis", a déclaré Hearne. "Qu'est-ce qui bouge , de toute façon ?"

"Beaucoup. Memphis Izzy arrive aujourd'hui. Quand entrera- t-il ?"

"Il ira directement à l'autre endroit, il ne viendra pas ici. Oh, je pense qu'il y arrivera vers neuf heures ce matin. Pourquoi ?"

"Il faudra aller là-bas pour le rencontrer", a déclaré Gramont . "Je me suis arrêté ici pour venir te chercher. Hammond est toujours en sécurité en prison ?"

"Bien sûr." Hearne rit méchamment. « Je ne pense pas non plus qu'il sortira précipitamment !

— Chacherre a été pincé hier soir pour le meurtre, dit Gramont en regardant l'autre.

"L'enfer!" Hearne parut étonné, puis se détendit et rit de nouveau. "Un flic volant va sûrement perdre ses boutons, alors ! Ils n'ont rien contre lui. "

"J'ai entendu dire qu'ils en avaient plein."

"Ne t'inquiète pas." Hearne agita la main avec grandiloquence. "Le patron est solide avec le groupe jusqu'à Baton Rouge, et ils s'occuperont de tout le monde. Alors le vieux Ben s'est fait pincer, hein ? C'est une blague, mec !"

de Gramont furent confirmés par l'attitude de Hearne, qui considérait clairement que la bande tout entière n'avait rien à craindre de la loi. Les vantardises de Chacherre étaient solidement étayées. Il était évident pour Gramont que les ramifications de la bande s'étendaient très haut.

"Mieux vaut arrêter de parler," dit-il sèchement, "jusqu'à ce que nous sortions d'ici."

Hearne hocha la tête et roula une cigarette.

Quand son repas précipité fut terminé, Gramont paya au comptoir et ouvrit la voie à l'extérieur. Il fit signe vers la voiture et Hearne monta docilement à bord, étant visiblement si peu important dans la bande qu'il était habitué à recevoir les ordres de tout le monde.

Gramont sort de la ville et prend la route du Paradis. Cependant, avant d'avoir parcouru un kilomètre et demi, il arrêta la voiture, descendit et souleva un côté du capot.

"Donnez-moi ces chiffons du bas de la voiture, Hearne", dit-il brièvement.

L'autre obéit. Comme Gramont ne faisait aucun geste pour venir les chercher, Hearne descendit de la voiture ; puis Gramont se releva inopinément du moteur et Hearne regarda dans un pistolet.

« Tendez vos mains derrière vous et retournez-vous ! » cracha Gramont. "Ne parle pas!"

Hearne balbutia un serment, mais alors que le pistolet se dirigeait vers lui, il obéit à l'ordre. Gramont prit les bandes de tissu qu'il avait préalablement préparées et attacha les poignets de l'homme.

"C'est mieux que des menottes", a-t-il commenté. "Trop d'individus habiles peuvent se débarrasser des bracelets, mais vous aurez le travail d'un seul homme pour vous en débarrasser ! Ah ! un pistolet dans votre poche, hein ? Merci."

"Qu'est - ce que tu dis ?" s'exclama Hearne, déconcerté.

"Je vous mets en état d'arrestation", dit gaiement Gramont.

"Tiens, où est ton mandat ? Tu n'es pas un connard———"

Gramont coupa court à ses protestations avec un long tissu qui lia efficacement sa mâchoire inférieure et empêcha toute autre idée de parler.

"Montez dans cette voiture, Hearne", ordonna-t-il, "et je m'occuperai ensuite de vos pieds. C'est le garçon ! Rien de tel que de le prendre calmement, Hearne. Vous ne saviez pas que j'étais celui qui avait pincé le vieux Ben. , n'est-ce pas ? Mais moi, je le suis. Et avant la nuit, toute votre foule sera branchée, du grand patron jusqu'à vous.

Gramont a solidement attaché Dick Hearne, mains et pieds, puis l'a attaché à l'un des supports supérieurs de la voiture. Lorsqu'il eut fini, Hearne était raisonnablement en sécurité. Il remonta ensuite sous le volant et poursuivit son chemin. Les coups de fouet de Hearne étaient discrets pour quiconque croisait la voiture.

Il était un peu plus de huit heures du matin lorsque Gramont entra au Paradis. Il remarqua que deux grosses automobiles se trouvaient devant le bureau de poste et qu'autour d'elles se trouvait un groupe d'hommes qui le regardaient, lui et sa voiture, avec un certain intérêt. N'y prêtant aucune attention, il traversa la ville sans s'arrêter.

En parcourant la route du nord, il ne rencontra personne. Lorsqu'il arriva enfin à la ferme Lédanois , il se dirigea vers la maison déserte et gara la voiture parmi des arbres, là où on ne la voyait pas de la route.

"Vous aurez bientôt une agréable compagnie, Dicky, mon garçon", observa-t-il joyeusement. Une dernière inspection montra que son prisonnier était en parfaite sécurité. "En attendant, asseyez-vous et méditez sur vos péchés, qui, je l'espère, ont été nombreux et profonds. Chacherre est accusé de meurtre et il essaie de sauver sa peau en soufflant sur le reste de votre bande. Nous pouvons vous donner une chance de le faire. faire la même chose et corroborer son témoignage, ça vaut la peine d'y réfléchir, n'est-ce pas ?

"Peut-être imaginez-vous que vous êtes à l'abri d'une condamnation. Si c'est le cas, rassurez-vous tant que vous le pouvez - je risquerai cette fin ! Quand Memphis Izzy arrivera, j'aurai une petite conversation agréable et confortable avec lui. Ensuite, nous "Je vais tous me joindre et retourner en ville ensemble. Vous voyez l'idée ? Eh bien, soyez sage !"

Descendant de voiture, Gramont se dirigea vers la rive du bayou et la suivit en direction de la propriété voisine. Il regarda l'eau, un sourire amer aux lèvres, et distingua à nouveau le léger reflet irisé de l'huile. Lorsqu'il arriva au ruisseau qui donnait naissance à l'huile, il s'arrêta. Il se souvenait de l'excitation qui l'avait tant secoué lors de la découverte de cette supposée suintement deux jours auparavant - il se souvenait ironiquement des visions qu'elle avait suscitées dans son cerveau.

"Adieu, richesse trop soudaine !" murmura-t-il. "Adieu, fin du labeur et rêves de luxe ! Je suis toujours un ouvrier pauvre mais honnête, mais je pense toujours qu'il y a du vrai pétrole sous cette terre. Eh bien, nous verrons cela plus tard, peut-être. Notre entreprise est en aucun moyen n'a encore été détruit!"

Il s'éloigna, s'étonnant de l'habileté de Jachin Fell à planter cette huile ; les hommes d'à côté avaient fait le travail, bien sûr. Gramont n'a pas tenté de se leurrer en pensant que Fell avait agi de manière égoïste. Toute l'affaire avait été traitée dans un secret astucieux, uniquement pour que la compagnie pétrolière de Fell puisse acheter le terrain à Lucie et que Fell puisse utiliser le boom qui en résulterait pour assurer sa sécurité financière.

"Il ne croit pas qu'il y ait du pétrole ici", réfléchit Gramont , "et il est sincère dans cette croyance. En ce qui concerne Lucie, je pense que cet homme est absolument altruiste. Il ferait n'importe quoi pour elle ! Et pourtant Jachin Fell est un ennemi, un ennemi mortel de la société ! Hm, ces criminels montrent des tendances étranges. Vous ne pouvez pas qualifier un homme comme Fell de complètement mauvais, pas de beaucoup ; je regretterai presque de l'avoir envoyé en prison - si je le fais !

Il se dirigea vers une ouverture dans les buissons qui, par-dessus la clôture basse, lui donnait une vue dégagée sur la propriété des Gumbert . Là, il s'arrêta, recula rapidement et gagna un point d'où il pouvait voir sans risquer d'être découvert. Il s'installa immobile et observa.

Que Memphis Izzy lui-même n'était pas encore arrivé, il en était presque certain. Près de la grange étaient garés deux flivvers, et assis sur des chaises sur la véranda du cottage se trouvaient trois hommes qui devaient être venus dans ces voitures. Gramont était venu muni de jumelles et les a sorties. Il ne tarda pas à découvrir que les trois hommes présents sur la véranda lui étaient étrangers. C'étaient sans aucun doute des hommes participant au jeu de loterie, attendant Gumberts arrive. Gramont tourna son attention vers les autres bâtiments.

La grange et le magasin étaient ouverts, et le bourdonnement des machines témoignait que les mécaniciens travaillaient dur sur les voitures volées. Gramont pensait à Ben Chacherre , toujours attaché et attaché à la chaise de sa chambre, et se demandait ce qu'il y avait sous la banquette arrière de la voiture de Ben. Il pouvait voir la voiture d'où il se trouvait.

Les minutes s'éternisaient et Gramont s'installait confortablement dans l'herbe. Fell viendrait-il ? Il l'espérait, mais il en doutait fortement. Fell semblait être simplement « le patron » et c'était Gumberts qui gérait en réalité l'escroquerie de la loterie.

Neuf heures sonnaient et passaient. Un troisième flivver arriva en rugissant dans l'ouverture, et Gramont se pencha attentivement en avant. Trois ouvriers se sont présentés à la porte du magasin. Un seul homme quitta le flivver et les salua, puis se dirigea vers le cottage et rejoignit les trois autres sur la véranda. Il a été accueilli sans enthousiasme. La porte de la maison est restée fermée. Le nouveau venu alluma une cigarette et s'assit sur les marches.

"Evidemment, ce n'est pas Gumberts ", pensa Gramont . "Sept d'entre eux jusqu'à présent, hein ? Cela va être un vrai travail et ce n'est pas une erreur."

Presque dans ses pensées, une voiture puissante et silencieuse arrivait sur la route et il sut immédiatement que Memphis Izzy était arrivé. Il le savait intuitivement, avant même d'avoir un bon aperçu de la silhouette large et lourde et des traits dominants. Memphis Izzy était loin d'être beau, mais il avait du caractère.

"Où est le Goog ?" En quittant la voiture qu'il conduisait lui-même, Gumberts éleva la voix dans un rugissement de taureau qui porta clairement sur Gramont . "Où est Charlie le Goog ?"

Les mécaniciens apparurent précipitamment. L'un d'eux, nul autre que l'ami de Gramont à l'aspect adénoïdal, qui semblait posséder le titre mélodieux de Charlie le Goog , se précipita aux côtés de Gumberts , et celui-ci lui donna des instructions évidentes pour quelque réparation à la voiture. Puis, se retournant, Memphis Izzy se dirigea vers le cottage. Il salua de la tête les quatre hommes qui l'attendaient, sortit un trousseau de clés de sa poche et ouvrit la porte du cottage. Tous les cinq disparurent à l'intérieur.

Gramont se leva. Un instant auparavant, la fièvre l'avait agité ; l'excitation de la chasse à l'homme l'avait fait trembler. Maintenant, il était de nouveau cool, ses doigts touchant le pistolet dans sa poche, ses yeux fixes. Il jeta un coup d'œil à sa montre et hocha la tête.

"C'est l'heure!" murmura-t-il. "Espérons qu'il n'y aura pas de dérapage ! Tout est prêt , Memphis Izzy ? Moi aussi. Allons-y !"

Sans se presser et ouvertement, il avança, se dirigeant tranquillement vers la grange et le magasin. Charlie le Goog , penché sur la voiture de Gumberts , fut le premier à discerner son approche et se redressa. Gramont agita la main en guise de salutation. Charlie le Goog tourna la tête et appela ses frères, qui apparurent, fixant Gramont .

Ce dernier comprit que s'il les dépassait, la partie était gagnée. S'ils l'arrêtaient, il promettait de tout perdre.

"Salut les gars!" » appela-t-il gaiement en s'approchant. "Je suis venu faire une course pour le patron. J'ai reçu un message pour Gumberts . Où est-il ? Dans la maison ?"

Les autres hochèrent la tête, se méfiant manifestement de lui mais intrigués par son attitude négligente et sa référence à Fell.

"Bien sûr," répondit Charlie le Goog . "Entrez directement, il est dans la grande pièce de devant."

"Merci."

Gramont continuait son chemin, conscient qu'on le suivait du regard. S'il y avait quelque chose de bidon chez lui, ils considéraient évidemment que Memphis Izzy s'en occuperait très habilement.

Les marches du porche du cottage craquèrent en signe de protestation tandis que Gramont les montait. Peut-être que Memphis Izzy a reconnu un pas inhabituel ; peut-être que cette conversation du dehors l'avait pénétré. Gramont entra par la porte d'entrée du hall et, ce faisant, Gumberts ouvrit la porte sur sa droite et le regarda – plutôt, le fusillant du regard.

"Qui es-tu?" » demanda-t-il brutalement.

"Je suis sorti avec un message de M. Fell", répondit immédiatement Gramont . "J'ai apporté quelques commandes, devrais-je dire———"

Le sixième sens de Memphis Izzy, qui l'avait porté indemne dans une époque grisonnante, avait dû envoyer un avertissement au cerveau de son escroc. Dans les yeux de l'homme, Gramont lut un élan de suspicion et comprit que son bluff ne pouvait plus fonctionner.

"Voici sa note", dit-il en fouillant dans sa poche.

Gumberts s'abaissa, mais s'arrêta lorsque le pistolet de Gramont le couvrit.

"Retournez dans cette pièce et faites-le vite", dit Gramont en s'avançant. "Rapide!"

Memphis Izzy obéit. Gramont se tenait sur le seuil, ses yeux balayant la pièce et les hommes à l'intérieur. Surpris, tous les quatre s'étaient levés et le regardaient fixement. Dans son autre main, il sortit l'automatique qu'il avait pris à Dick Hearne.

"Le premier mot de l'un de vous, messieurs", a-t-il déclaré, "sera décisif. C'est moi qui parle ici. Savvy ?"

Ils restèrent là à regarder, paralysés par cette apparition. Ils étaient assis autour d'une table encombrée de papiers et de paquets d'argent. Un grand coffre-fort dans le mur était ouvert. À côté de la table se trouvait un petit sac postal, partiellement vidé de son contenu ; des enveloppes déchirées jonchaient le sol.

Gramont s'aperçut sans aucune explication qu'il s'agissait là du quartier général d'au moins une partie du gang des loteries .

"Vous êtes en état d'arrestation", dit doucement Gramont . "Le jeu est terminé, Gumberts . Levez la main , vous tous ! Dick Hearne a pêché sur tout le gang, et depuis le patron jusqu'au patron, vous êtes tous partants pour un mandat en ébullition. Vous avec le derby ! Prenez le pistolet de Gumberts , et ceux de vos compagnons, puis les vôtres ; jetez- les par terre, dans le coin, et si vous faites un mauvais mouvement, que Dieu vous aide ! Marchez vivement, là !

L'un des hommes qui portait un derby sur l'arrière de la tête a obéi à l'ordre. Les cinq hommes faisant face à Gramont comprirent qu'un seul cri appellerait de l'aide de l'extérieur, mais dans les yeux de Gramont ils lisaient une stricte attention aux affaires. Il était tout à fait trop probable qu'un homme qui osait les arrêter seul tirerait pour tuer au premier faux mouvement – et même Memphis Izzy lui-même n'ouvrait pas la bouche.

Chaque homme avait un revolver ou un pistolet, et une à une les armes tombaient dans le coin. Gumberts restait immobile, léchant ses lèvres épaisses, des jurons inexprimés dans ses yeux brillants. Et à cet instant Gramont entendit craquer les marches du porche et entendit un cri sourd et surpris.

"Hé, patron ! C'est un gang qui arrive en fuite———"

C'était Charlie le Goog , qui faisait irruption sur eux en toute hâte. Gramont entra dans la pièce et se tourna légèrement, couvrant d'une de ses armes l'intrus, qui se tenait abasourdi dans l'embrasure de la porte en comprenant la scène.

Aucun mot n'est passé. Regardant les cinq hommes, puis Gramont , le mécanicien adénoïdien déglutit une fois et agit comme un éclair. Il se baissa et tira depuis sa poche. Gramont tira au même instant, et la lourde balle, atteignant Charlie le Goog en pleine poitrine, projeta son corps à travers la pièce.

Avec les tirs, Memphis Izzy se jeta en avant dans une fuite en avant. Ce coup désespéré du petit mécanicien avait brisé le bras droit de Gramont au-dessus du poignet ; Avant de pouvoir tirer une seconde fois, l'arme dans la main gauche, Gumberts avait arraché le pistolet et se débattait avec lui. Les quatre autres sont entrés dans la mêlée de tout leur poids.

Gramont tomba sous un coup fracassant. Memphis Izzy sauta par-dessus lui et se précipita dans l'embrasure de la porte, puis s'arrêta avec une brusquerie stupéfiante et leva les bras. Après lui, les quatre autres lui emboîtèrent le pas. Deux hommes, un peu haletants, se sont tenus devant la porte et les ont couverts de fusils de chasse.

"Reculez", ordonnèrent-ils sèchement. Memphis Izzy et ses quatre amis obéirent.

"Attachez- les , les garçons", dit Gramont en se levant avec vertige. "Non, je ne suis pas blessé, mon bras est cassé, je pense, mais laisse ça attendre. Tu as ceux dehors ?"

Un piétinement de pieds remplit la salle et d'autres hommes y apparurent.

J'en ai deux , Gramont ! " répondit le chef. "Le troisième s'est glissé ici... ah, le voilà !"

Le pauvre Charlie le Goog gisait mort sur le sol — une touche de tragédie héroïque dans sa dernière action désespérée ; peut-être la seule grande action de sa vie. Il avait réalisé que cela signifiait une catastrophe, mais il avait fait ce qu'il pouvait.

"Je pense que c'est tout", a déclaré Gramont . "Nous avons certainement commis une tuerie, les garçons — et c'est une bonne chose que vous soyez intervenus à la minute près ! Une seconde plus tard, ils l'auraient fait pour moi. Prenez soin de ces preuves, d'accord ? Récupérez ce sac de courrier et le des lettres en particulier ; s'ils ont exploité leur loterie en dehors de l'État, ce sera une affaire fédérale . »

Gumberts , qu'on ligotait avec ses amis, poussa un cri rauque.

"Qui êtes-vous les gars ? Vous ne pouvez pas faire ça sans autorité——"

"Ne sois pas stupide, Memphis Izzy !" dit Gramont en souriant un peu, puis en tremblant sous la douleur de son bras. "Ces amis sont membres avec moi de la Légion américaine, et ils sont venus à ma demande pour vous mettre à votre place, les escrocs. Quant à l'autorité, vous pouvez demander et aller vous pendre.

"Tiens, les garçons, je dois aller dans cette grange. Venez, certains d'entre vous ! On me ligotera le bras plus tard. Personne n'a été blessé ici ?"

"Même pas une miette", répondit le leader avec une pointe de dégoût. "Ces trois clochards étaient dehors, et nous les avons couverts en sortant des broussailles. Celui qui s'est enfui l'a fait en mettant ses amis entre nous et lui. Mais vous vous êtes occupé de lui."

"Et il s'est occupé de moi aussi", ajouta Gramont , non sans une grimace de douleur.

Il nous conduisit vers la grange et, les autres arrivant derrière lui, entrèrent. Il montra la voiture qui avait amené Chacherre ici plus tôt et ordonna d'ouvrir le siège supplémentaire à l'arrière.

"Je pense qu'il y a un paquet à l'intérieur", a-t-il déclaré. "Qu'est-ce qu'il y a dedans, je ne sais pas——"

"Nous y sommes, casquette."

Un paquet a été produit et ouvert. On y retrouva le costume d'aviateur que Gramont avait porté comme Masque de Minuit, et que Chacherre avait volé avec le butin. Parmi les vêtements en cuir se trouvait un pistolet automatique.

Gramont resta consterné devant cette découverte, alors qu'il réalisait pleinement ce que cela signifiait.

Bon Dieu ! s'écria-t-il étonné. Les garçons, eh bien, ça a dû être Ben Chacherre qui a tué Maillard ! Voyez si ce pistolet a été utilisé——"

Le Midnight Masquer avait tiré deux balles sur Maillard. Deux cartouches avaient disparu de cet automatique.

# CHAPITRE XV

## *Quand les cieux tombent*

LE chef de la police est entré dans le bureau de Jachin Fell, en haut de l'immeuble Maison Blanche, à huit heures vendredi soir. M. Fell le regarda avec surprise.

"Bonjour, chef ! Quoi de neuf ?"

L'officier le regarda avec étonnement.

"Quoi de neuf ? Eh bien, je suis venu te voir, bien sûr !"

Jachin Fell sourit d'un air fantaisiste. " Pour me voir ? Eh bien, chef, c'est gentil de votre part ; asseyez-vous et buvez un cigare, hein ? Qu'avez-vous ? Vous avez l'air un peu interloqué. "

"Je le suis", dit l'autre sans détour. "Tu ne m'attendais pas?"

"Non", dit Jachin Fell, s'arrêtant brusquement alors qu'il cherchait un cigare et tournait son regard aigu vers le chef. « Vous vous attendez ? Non !

"C'est vraiment bizarre, alors ! Ce type de Gramont m'a appelé il y a une dizaine de minutes et m'a dit de venir ici au plus vite, que tu voulais me voir."

— Gramont ! Jachin Fell fronça les sourcils. "Où est Ben Chacherre ? Vous ne l'avez pas encore trouvé ?"

"Aucun signe de sa part, chef."

La porte s'ouvrit et Henry Gramont apparut, la main droite bandée et en écharpe.

"Bonsoir messieurs !" dit-il en souriant.

"Voici Gramont maintenant", s'est exclamé Fell. "Avez-vous appelé le chef ici———"

"Bien sûr," et Gramont s'avança. « Je voulais vous voir ensemble, messieurs, et c'est ce qui s'est arrangé. Miss Ledanois doit être ici à neuf heures, Fell ?

Le petit homme hocha la tête, les yeux fixés sur Gramont . Il remarqua le bras bandé.

"Oui. As-tu été blessé ?"

"Légèrement." Gramont approcha une chaise de Fell en face du bureau et s'assit. Il mit sa main gauche dans la poche de sa poitrine et en sortit un document qu'il remit au chef de la police. « Jetez un œil là-dessus, chef, et ne dites rien. Vous êtes ici pour écouter le présent. Voici quelque chose pour couvrir votre cas, M. Fell.

Gramont sortit son automatique de la poche de son veston et le posa sur le bureau devant lui. Il y eut un moment de silence surpris. L'officier, parcourant le papier que Gramont lui avait remis, parut y trouver un intérêt soudain et intense.

" Que signifie tout ce mystère et cette action mélodramatique, Gramont ? " » demanda Jachin Fell, un léger ricanement dans les yeux, la voix assez atone.

"Cela signifie", dit Gramont en le regardant fixement, "que vous êtes en état d'arrestation. Je suis sorti ce matin chez les Gumberts , dans le Bayou Terrebonne, j'ai arrêté Memphis Izzy Gumberts et quatre autres hommes occupés à exploiter une loterie, et j'ai également arrêté deux mécaniciens qui travaillaient sur des voitures volées. Nous avons accueilli en outre un monsieur du nom de Dick Hearne, un membre mineur de la bande, qui est maintenant occupé à dicter des aveux. Un instant, chef ! Je préfère parler à l'heure actuelle."

Le chef de la police était sur le point d'intervenir. Mais à cela, il se renversa en arrière sur sa chaise, tapotant dans sa main le journal qu'il avait parcouru . Il semblait être en danger d'apoplexie.

Gramont sourit dans les yeux fermes et inébranlables de Fell.

"Vous êtes le prochain au programme ", dit-il d'un ton neutre. "Nous savons que vous êtes à la tête d'un gang organisé, qui non seulement organise une loterie dans cet État et dans les États voisins, mais mène également un immense commerce de voitures volées. Par conséquent——"

"Juste une minute, s'il vous plaît", dit Jachin Fell. "Oubliez-vous, M. Gramont , l'affaire du Masque de Minuit ? Vous êtes un citoyen très zélé, je n'en doute pas, mais..."

"J'allais ajouter", frappé à Gramont , "que votre aimable ami Ben Chacherre est accusé du meurtre du shérif de la paroisse de Terrebonne, dans lequel j'ai des preuves claires contre lui, ayant été présent sur les lieux du crime. Il est également accusé du meurtre de Joseph Maillard——"

"Quoi!" Fell et l'officier lancèrent une exclamation d'étonnement non dissimulé.

"C'est bien vrai, je vous l'assure", dit Gramont . "Les preuves sont, au moins, beaucoup plus claires que celles contre le jeune Maillard."

"Mon Dieu!" » dit Fell en le regardant fixement. "Je n'ai jamais rêvé que Chacherre ..."

"Peut-être que non." Gramont haussa les épaules. "Personne d'autre non plus. J'imagine que Ben a entendu parler de cette salle et de cette soirée beuverie, et a décidé à juste titre qu'il pourrait faire fortune avec une petite foule de jeunes sportifs ivres. Il s'est fait voler le costume de ma voiture, comme vous le savez. , ainsi que l'automatique qui l'accompagnait. Il manquait deux coups à l'automatique lorsque nous l'avons trouvé en possession de Ben ; et vous vous souvenez que le Masquer a tiré deux fois au moment où Maillard a été tué.

"Ah ! J'ai toujours dit que le jeune Maillard n'était pas coupable !" s'écria le chef.

"Et votre homme Hammond——" commença Fell. Gramont intervint.

"Vous pensiez avoir bien cousu Hammond, n'est-ce pas ? Pour reprendre le langage de votre jeu préféré , Fell, le développement est primordial, et le joueur qui abandonne un pion pour le développement montre qu'il possède le *idée grande* Vous avez pris le pion, ou vous pensiez l'avoir fait, mais j'ai pris la partie !

"D'une certaine manière, Fell, je suis vraiment désolé de vous arrêter . Cela va blesser un de nos amis communs. Je me rends compte que vous avez essayé très fort d'être altruiste envers elle, et je pense que vous avez été parfaitement sincère à cet égard. Néanmoins, je n'ai qu'un devoir en la matière, et je me propose de le mener jusqu'au bout.

Les yeux perçants de Fell brillaient de colère.

"Vous êtes un citoyen très zélé, jeune homme", dit-il doucement. « Je vois que vous avez été blessé. J'espère que votre petit jeu n'a pas fait de victimes ?

Gramont hocha la tête. "Charlie le Goog est parti vers l'ouest. Il était désespéré, j'imagine; en tout cas, il m'a pris par le bras et j'ai dû lui tirer dessus. Memphis Izzy ne justifiait guère sa formidable réputation, car il a cédé comme un agneau."

" Alors tu as tué le Goog , hein ? " dit Fell. "Très zélé, M. Gramont ! Et je suppose que les exigences de l'affaire vous ont justifié, vous, simple citoyen, à porter et à utiliser des armes ? Qui vous a aidé dans cette merveilleuse affaire ?"

"Un certain nombre d'amis de mon poste dans la Légion américaine", dit Gramont d'un ton neutre.

"Ah ! Cette organisation fait donc de la politique ?"

"Pas pour la politique, Fell ; pour la justice. Je les ai délégués pour m'aider."

« Député ! » répéta Fell lentement.

"Certainement." Gramont sourit. " Vous voyez, cette affaire de loterie dure depuis un an ou plus. Il y a quelque temps, avant que je vienne à la Nouvelle-Orléans, le gouverneur de cet État m'a nommé un officier spécial pour enquêter sur l'affaire. Il y a ma commission, que le Le chef a lu. Cela me donne beaucoup de pouvoir, Fell ; assez de pouvoir pour rassembler en vous et votre groupe.

"Je pourrais ajouter que j'ai obtenu une abondance de preuves prouvant que le gang des loteries, sous votre supervision, a étendu ses opérations aux États adjacents. Ceci, comme vous le savez, ramène l'affaire entre les mains du gouvernement fédéral si nécessaire."

Le chef de la police regarda avec inquiétude de Gramont à Jachin Fell, et vice-versa. Fell était assis droit sur sa chaise, regardant Gramont .

"Vous étiez le Midnight Masquer original", dit Fell de sa voix sans ton. A cette charge directe et à l'assentiment de Gramont , le chef tressaillit de surprise.

"Oui. L'une des raisons était que je soupçonnais quelqu'un dans le monde, quelqu'un de haut placé à la Nouvelle- Orléans , d'être lié au gang; mais je n'ai jamais rêvé que vous étiez l'homme, Fell. Je soupçonnais plutôt le jeune Maillard. Je suis maintenant heureux de le savoir. dis que j'avais complètement tort. Tu étais le grand patron, Fell, et tu vas purger une peine pour cela.

Fell jeta un coup d'œil au chef, qui s'éclaircit la gorge comme s'il s'apprêtait à parler. Mais à ce moment, on frappa brusquement à la porte.

"Viens!" appelé Gramont .

Un homme entra. C'était un adjoint de Gramont , qui se trouvait être aussi reporter d'un des journaux du matin de la ville. Il portait plusieurs feuilles de papier qu'il déposa devant Gramont . Il jeta un coup d'œil à Fell, qui le reconnut et échangea un signe de tête pour le saluer, puis reporta son attention sur Gramont .

"Ah!" dit celui-ci avec satisfaction en examinant les papiers. " Alors Hearne a tout abandonné, n'est-ce pas ? Cette confession implique-t-elle M. Fell, ici ? "

"Eh bien, plutôt", dit joyeusement l'autre d'une voix traînante. "Et voyez, cap ! Nous sommes deux autres dans la foule et nous avons décidé de diviser l'histoire. Nous aimerions précipiter l'affaire dans nos journaux dès que vous en donnez la parole, parce que..."

"Je sais." Gramont rendit les papiers contenant les aveux de Hearne. " Vous en avez fait des copies, bien sûr ? Très bien. Mettez tout cela dans vos papiers tout de suite, si vous le souhaitez. "

Fell leva une main pour vérifier l'autre.

"Un instant s'il vous plaît!" » dit-il, ses yeux scrutant le journaliste. "Voulez-vous également transmettre un message de ma part au rédacteur en chef de votre journal et veiller à ce qu'il soit également transmis aux autres ?"

"Si M. Gramont le permet, oui."

"Allez-y", dit Gramont , se demandant ce que Fell allait essayer maintenant. Il a vite appris.

"Alors," poursuivit Fell, "vous aurez la gentillesse d'informer les rédacteurs de vos journaux que, au cas où mon nom apparaîtrait en relation avec cette affaire, j'engagerai immédiatement une action en diffamation. Peu importe ce que M. Gramont peut dire ou faire. , Je vous assure pleinement qu'aucune publicité ne sera accordée à moi dans cette affaire. Je dois ajouter que je ne serai pas non plus arrêté. C'est tout, monsieur.

Gramont sourit. "Prenez le message si vous le jugez nécessaire, par tous les moyens", dit-il négligemment. "Vous pouvez également avoir toute l'assurance que dans vingt minutes vous observerez M. Fell en toute sécurité en prison. C'est tout."

Le journaliste salua et partit en souriant.

Gramont se pencha en avant, les lignes dures de son visage témoignant d'une détermination alors qu'il regardait Jachin Fell.

" Alors tu ne seras pas arrêté, hein ? Voyons voir. Je sais que votre bande a de l'influence jusqu'en haut lieu, et que cette influence a du pouvoir. Le gouverneur le sait aussi. C'est pourquoi j'ai été chargé d'enquêter. ce jeu de loterie en secret et à ma manière. C'est pourquoi aussi j'ai amené ici ce soir le chef de la police.

Il se tourna vers l'officier perturbé et lui parla froidement.

" Maintenant, chef, vous avez vu mon autorité, vous avez entendu mes accusations, et vous savez qu'elles seront prouvées jusqu'au bout. Dick Hearne a donné les noms de la plupart des membres du gang de la loterie et de leurs confédérés ; mes adjoints ont déjà télégraphiés à leurs différents lieux d'opération dans le but d'assurer leur arrestation. Nous ferons table rase.

"La même chose peut être dite à propos du gang des automobiles, même si nous allons probablement passer à côté de quelques-uns des plus petits. Dans quelles autres formes de criminalité l'organisation peut-elle être impliquée, je ne peux pas le dire pour le moment, mais nous avons obtenu suffisamment de preuves. . Êtes-vous prêt à arrêter Jachin Fell, ou pas ?

Le chef s'éclaircit la gorge.

"Eh bien, M. Gramont ", observa-t-il nerveusement, "à propos du reste de la bande, nous nous en occuperons , bien sûr ! Mais c'est différent avec M. Fell ici. C'est un ami du sénateur..."

"Différent, bon sang!" claqua Gramont avec colère. "C'est un criminel, quels que soient ses amis, et j'en ai la preuve !"

"Eh bien, c'est peut-être le cas", a admis le chef de la police. "Mais cette chose va soulever un sacré scandale, dans tout l'État ! Vous le savez aussi bien que moi. Maintenant, si j'étais vous, j'agirais plutôt lentement..."

Gramont sourit amèrement.

"Peut-être le feriez-vous, chef. En fait, je n'en doute pas. Mais vous n'êtes pas *moi* . Maintenant, en tant qu'officier dûment nommé agissant sous l'autorité du gouverneur de l'État, je vous demande d'arrêter ce criminel, et je vous rends dûment responsable de sa garde. Oserez-vous refuser ?

Le chef hésita. Il a demandé de l'aide à Fell, mais aucune n'est venue. Fell semblait plutôt amusé par la situation.

"Eh bien," dit le chef, "je n'ai pas encore vu les preuves———"

"Je vais vous montrer des preuves d'un autre genre, chef", dit Gramont , sévèrement silencieux. " Devant la porte, ici, il y a deux hommes qui obéiront à mes ordres et à mon autorité. Si vous osez refuser de faire votre devoir, vous serez vous-même emmené hors de cette pièce en état d'arrestation, sur la base d'un mandat d'arrêt John Doe qui est déjà préparé et en attente. ; et vous serez accusé d'être complice de cette bande. Maintenant, choisissez, et choisissez vite !"

Gramont se renversa sur sa chaise. Les traits violacés du chef ruisselaient de sueur ; l'homme se trouvait dans un dilemme effrayant et son sort était pitoyable. A cet instant Jachin Fell s'est interposé.

"Laissez-moi parler, s'il vous plaît," dit-il doucement. "Mon cher M. Gramont , je viens de penser qu'il pourrait y avoir un compromis..."

"Je ne fais aucun compromis", a lancé Gramont .

"Certainement pas ; je parle ici de notre ami commun", et Fell désigna le chef avec un geste fade. « Je crois que le juge Forester de cette ville consulte actuellement le gouverneur de Baton Rouge sur des questions politiques. Avec eux se trouve également le sénateur Flaxman, venu de Washington pour la même mission. Il est important de mettre fin à toute cette anxiété. Supposons que vous appeliez le gouverneur à distance, à partir de ce téléphone, et que vous obteniez l'assurance que je ne serai pas arrêté. Vous serez alors convaincu.

Gramont rit avec une profonde colère.

« Vous, les gangsters, êtes tous pareils ! dit-il en se tournant vers le téléphone du bureau. "Vous pensez que parce que vous avez planté vos tentacules gluants en haut lieu, vous pouvez tout faire en toute impunité. Mais le gouverneur de cet État n'est pas entre vos griffes.

" C'est un homme, par le ciel ! J'ai son assurance qu'il poursuivra jusqu'au bout quiconque se cache derrière cette bande criminelle — et il tient parole ! Ne pensez pas que si votre ami le sénateur est avec lui, vous serez sauvé. Je l'appellerai, ne serait-ce que pour montrer au chef, ici présent, que l'influence ne comptera pas dans ce jeu. "

Gramont décrocha le combiné, appela longue distance et appela précipitamment vers le manoir exécutif, demandant le gouverneur en personne.

" Alors tu penses qu'il est à l'abri de toute influence, n'est-ce pas ? " Jachin Fell sourit avec condescendance et alluma un nouveau cigare. Le chef de la police s'épongeait le front.

" Mon cher Gramont , vous faites preuve d'une confiance juvénile dans la nature humaine ! Laissez-moi renverser en toute hâte votre idole aux pieds d'argile de son piédestal. Mentionnez au gouverneur que vous m'avez arrêté et que je lui ai demandé de parler avec le juge. Forester et le sénateur Flaxman avant de confirmer l'arrestation. Je vous parie cinq cents dollars... "

Le sourire dans les yeux pâles de Fell poussa Gramont dans une froide fureur.

"Espèce de diable ! Alors votre foutue influence va jusqu'à ces deux hommes, n'est-ce pas, ces hommes qui sont respectés plus que tous les autres dans cette ville ? Par le seigneur, je vais bluffer ! Je connais le gouverneur, et je sais il s'en fout de tous les sales escrocs et des politiciens gluants de la terre !"

"Quelle foi sublime !" » rit doucement Fell.

Le téléphone sonna brusquement. Raillé presque au-delà de toute endurance, Gramont saisit l'instrument et répondit. En un instant, il eut le gouverneur au téléphone. Son regard se tourna avec exaltation vers Fell.

"Gouverneur, c'est Henry Gramont qui parle", dit-il. "Je viens de réussir mon travail , comme je vous l'ai télégraphié cet après-midi - non, attendez une minute ! C'est important.

"Le chef de tout le gang est un homme ici à la Nouvelle-Orléans du nom de Jachin Fell. Oui, Fell. J'ai beaucoup de mal à le faire arrêter. Fell se vante que son influence est supérieure à toutes celles que je peux exercer. Il vous demande de parler au juge Forester et au sénateur Flaxman avant de confirmer l'arrestation, et se vante que vous m'ordonnerez de ne pas toucher.

"Parlez-leur, gouverneur ! S'ils font aussi partie du gang, ne vous inquiétez pas. Vous confirmez cette arrestation, et je mettrai Fell derrière les barreaux si je dois mettre toute la Nouvelle-Orléans sens dessus dessous. Allez-y. " Je sais qu'aucun de ces escrocs ne peut vous atteindre - je ne fais que prendre le bluff de Fell. Nous avons le chef de la police ici, et il transpire. Hein ? Bien sûr. Prenez autant de temps que vous le souhaitez, gouverneur. "

Il sourit sinistrement à Jachin Fell pendant qu'il attendait. Deux minutes s'écoulèrent, trois, quatre. Puis il entendit à nouveau la voix du gouverneur.

"Oui?"

"Ne l'arrêtez pas, Gramont ."

"Quoi?" Gramont haleta.

"Ne le touchez pas, ai-je dit ! Entrez dans tous les autres , peu importe qui ils sont, mais laissez Fell tranquille——"

« Espèce de foutu lâche ! cria Gramont avec fureur. — Alors c'est comme ça que tu tiens tes promesses, n'est-ce pas ? Et je pensais que tu étais au-dessus de toutes les influences, un vrai Américain ! Tu es un sacré gouverneur... oh, je ne veux plus entendre parler de toi.

Il raccrocha brusquement le combiné.

Il y eut un moment de silence de mort dans la pièce. Le chef s'épongea le front, visiblement soulagé. Jachin Fell se rassit sur sa chaise et scruta Gramont de son sourire aux lèvres fines.

Gramont restait impuissant, tourmenté par le chagrin, la rage et l'impuissance. Il n'y avait rien qu'il puisse dire, rien qu'il puisse faire. L'homme derrière lui l'avait laissé tomber. Tout le pouvoir de l'État, qui était derrière lui, lui avait fait défaut. Il n'existait aucune puissance supérieure à laquelle il pouvait faire appel, à l'exception du pouvoir du gouvernement fédéral. Sa tête se releva brusquement.

"Fell, j'ai les preuves sur vous, et j'ai les preuves pour remettre cette affaire de loterie entre les mains du gouvernement fédéral. Les garçons ! Entrez ici !"

A son cri, la porte s'ouvrit et deux de ses hommes entrèrent. Gramont regarda le chef.

« Vous êtes prêt à vous occuper de tout le reste du gang, chef ? »

"Bien sûr", acquiesça aussitôt l'officier.

"Très bien. Les garçons, remettez toute la foule au chef, et je vous ferai confiance pour veiller à ce qu'ils soient correctement enregistrés et emprisonnés. Remettez également toutes les preuves, à l'exception de ce sac de courrier. Faites-en parler ici, dans cette pièce et veillez à ce que le couloir extérieur soit gardé. Obtenez-moi ?

Les deux saluèrent. "Oui Monsieur."

"Bien. Envoyez-le au bâtiment fédéral, découvrez où se trouve un agent du ministère de la Justice et faites-le venir ici. Faites-le ici dans quinze minutes."

Fell sourit. "Je peux vous faire gagner du temps, messieurs. L'agent en charge de ce quartier sera probablement chez lui à cette heure. Je peux vous donner son adresse———"

Il l'a fait. Dans les yeux pâles de Gramont, Gramont lut un imperturbable défi. L'audace de l'homme l'a consterné. Il se tourna vers ses hommes.

"Confirmez pleinement qu'il s'agit bien *de* l'agent avant de l'avoir", ordonna-t-il sèchement. « Demandez-lui également d'amener un de ses agents adjoints pour vous rencontrer ici. C'est tout, chef, si vous acceptez ces hommes, vous serez chargé de nos prisonniers et des preuves. J'ai laissé un garde . chez les Gumbert à Terrebonne, et je vous suggère de passer par la résidence des Gumbert ici en ville. Vous pourriez trouver des preuves. C'est tout.

Le chef est parti sans un mot. Il était évident qu'il était très heureux d'être parti. Gramont et Fell restèrent seuls ensemble.

"Mon cher Gramont , votre dévouement au devoir est d'esprit romain", dit Jachin Fell avec légèreté. "Je regrette vraiment que les circonstances conspirent ainsi pour vous vaincre ! Pourquoi ne pouvez-vous pas vous contenter d'enfermer autant d'autres victimes ? Vous ne pouvez pas m'enfermer——"

"Je ne peux pas?" dit Gramont en prenant un cigare et en le mordant. Il était plus cool maintenant. « Par le ciel, Fell, il y a une chose dans ce pays que vous et aucun autre homme ne pouvez atteindre avec une quelconque influence, des pots-de-vin politiques ou des relations véreuses – et c'est le gouvernement des États-Unis ! Vous pouvez atteindre les juges, les sénateurs et les gouverneurs, mais vous ne pouvez pas atteindre les hommes inconnus et humbles qui portent l'insigne du ministère de la Justice ! »

Fell fit un léger geste.

"La nature humaine, mon cher Gramont . Il est bien vrai que je n'ai pas créé cette bande de criminels, comme vous les appelez, sans prendre les précautions nécessaires. Memphis Izzy, par exemple, a une influence qui s'étend très loin. Moi aussi . Il en va de même pour d'autres membres du parti. Je vous donne l'assurance que votre homme du ministère de la Justice ne m'arrêtera pas.

Gramont pâlit.

"Si..." Il s'étouffa avec ce mot, puis toucha l'automatique sur le bureau devant lui. "S'il ne le fait pas, Jachin Fell, je te tirerai une balle moi-même !"

Pour la première fois, les yeux pâles de Jachin Fell parurent légèrement troublés.

"Si vous le faites, vous serez pendu", dit-il doucement.

"Je serai damné si je ne le fais pas !" claqua Gramont en mettant l'arme sur ses genoux.

# CHAPITRE XVI

## *L'inexprenabilité de M. Fell*

JACHIN FELL jeta un coup d'œil à sa montre.

"Lucie sera là d'une minute à l'autre", observa-t-il. « Je suppose que ton sens du devoir t'obligera à tout lui révéler ?

Gramont hocha simplement la tête, les lèvres pincées. On frappe à la porte et un de ses hommes entre avec le sac de courrier qu'ils avaient pris comme preuve.

"Une dame arrive ici à tout moment", a déclaré Gramont . "Permettez-lui d'entrer."

L'autre salua et partit.

"Le sens du devoir est une chose terrible", et Jachin Fell soupira. "Et la compagnie pétrolière ? Allez-vous laisser la fortune de Miss Ledanois s'effondrer ?"

" Mieux vaut cela, " dit Gramont , " que de tirer son profit de l'argent et des moyens criminels. Elle serait la première à le dire elle-même. Mais je vais vous dire ceci : je suis convaincue qu'il y a du pétrole sous terre. " sa terre ! Si elle est d'accord, je mettrai tout l'argent que j'ai contre sa terre ; nous pourrons au moins faire forer un puits, à l'occasion !

"S'il fait sec", a déclaré Fell, "vous serez fauché ."

"Je peux toujours trouver du travail", et Gramont rit durement.

Fell le regarda en silence un moment. Puis : "Je crois que Lucie t'aime, Gramont ."

Un tremblement saisit Gramont ; une impulsion furieuse pour abattre l'homme alors qu'il était assis. A-t-il eu la bassesse de tenter de se sauver grâce à Lucie ? Quelque chose de sa colère étouffée devait briller dans ses yeux, car Jachin Fell posa son cigare et reprit rapidement :

" Ne vous méprenez pas. Je dis que je pense qu'elle tient à vous ; ce n'est qu'une supposition de ma part. Lucie est une personne pour qui je ferais n'importe quoi. Je me tiens et j'ai tenu la place d'un parent pour elle. Elle m'est très chère. J'ai une raison particulière de m'immiscer de cette manière dans vos affaires personnelles, et j'ai le droit de vous interroger sur vos intentions.

"Je ne reconnais aucun droit de votre part", dit Gramont d'un ton ferme.

Fell sourit. "Ah ! Alors tu es amoureux. Eh bien, il faut servir la jeunesse !"

"J'aimerais savoir une chose", a frappé Gramont . « C'est pour cela que vous étiez si impatient de mettre la main sur mon homme Hammond ! Et pourquoi vous considériez l'affaire Midnight Masquer comme une menace. Avez-vous soupçonné mes affaires ?

Fell rejeta la tête en arrière et rit avec un amusement chaleureux et sans retenue.

"Cela," répondit-il, "est vraiment humoristique ! Savez-vous, honnêtement, je pensais que vous étiez un chasseur de fortune venu d'Europe ? Quand je vous soupçonnais d'être le Masque de Minuit, et après, j'étais convaincu que vous, et très probablement Hammond, "C'étaient aussi des escrocs très habiles. Là, je l'avoue, j'ai commis une grave erreur. Mon ami Gumberts n'oublie jamais les visages, et il m'a dit un jour que le visage d'Hammond lui était vaguement familier, mais il pouvait Je ne place pas l'homme. Cela m'a amené à penser... "

"Ah!" s'écria Gramont . « Gumberts a vu Hammond il y a des années, alors qu'il échappait à la loi — et dire qu'il s'en souvenait ! Hammond m'en a parlé.

"C'est pourquoi je voulais que Hammond et toi dans mon gang", a déclaré Fell. "J'ai pensé que ce serait très bien de vous intégrer dans l'organisation pour mes propres besoins."

"Merci", répondit sèchement Gramont . "Je suis entré, n'est-ce pas ?"

Sans frapper, la porte s'ouvrit et Lucie Lédanois entra.

"Bonsoir, actionnaires !" s'exclama-t-elle. « Savez-vous qu'il y a une foule dans la rue – des policiers, des automobiles et beaucoup d'excitation ?

"Permettez-moi", dit Gramont en prenant son manteau et en lui plaçant une chaise. "Oh, oui, nous avons eu une soirée assez intense, Miss Ledanois ."

"Ta main ! Pourquoi, que s'est-il passé ?"

"Un des amis de M. Fell a essayé de me tirer dessus. Voudriez-vous vous asseoir, s'il vous plaît ? Vous vous souvenez que je vous avais prévenu d'un choc qui allait survenir ; et maintenant je dois vous expliquer." Gramont lui remit gravement sa commission du gouverneur et reprit sa place. "Quand je vous dirai que je suis venu ici, non pas pour assister à une réunion de notre compagnie pétrolière, mais pour arrêter M. Fell, vous comprendrez. Je suis vraiment désolée, Lucie, de devoir vous raconter tout cela, car je connais votre attachement à lui. »

« Arrêtez-vous, oncle Jachin ? La jeune fille jeta un coup d'œil du journal à Fell, qui hocha la tête. "Et vous, Henry, un officier spécial du gouverneur ? Pourquoi... ce n'est pas une plaisanterie ?"

"Rien du tout, ma chère", dit doucement Fell. " M. Gramont est à féliciter. Il a découvert que j'étais à la tête d'une grande organisation de criminels. Il a là, sous la table, un sac de courrier qui prouve que mon organisation organisait une loterie dans plusieurs États ; nous " J'attends maintenant l'arrivée des agents fédéraux, à qui Gramont compte me livrer prisonnier. "

"Oh!" La jeune fille le regardait avec des yeux écarquillés. Sa voix se brisa. "Ça—ça ne peut pas être vrai———"

"C'est tout à fait vrai, ma chérie", et Jachin Fell sourit. "Mais ne vous laissez pas affliger le moins du monde, je vous en supplie. Voici, si je ne me trompe, vos amis du ministère de la Justice, Gramont ."

On frappa à la porte, et elle s'ouvrit pour laisser entrer un des hommes de Gramont .

« Les voici, monsieur : l'agent principal et un adjoint. Dois-je les laisser entrer ?

Gramont hocha la tête. Deux hommes entrèrent dans la pièce, et Gramont congédia d'un geste son propre homme. Il vit que les agents faisaient tous deux un signe de tête à Fell.

"Messieurs, connaissez-vous cet homme ?" » demanda-t-il en se levant.

"Oui", dit l'un d'eux en le regardant avec attention. "Qui nous a envoyé chercher ?"

"Je l'ai fait." Gramont donna son nom et leur remit sa commission. "J'ai enquêté depuis longtemps sur une loterie organisée dans cet État par une organisation de criminels très intelligents. Jachin Fell est l'homme à la tête de cette organisation. Aujourd'hui, j'ai rassemblé toute la bande et j'ai obtenu toutes les preuves nécessaires. Sous ce tableau se trouve un sac de courrier prouvant que la loterie a été étendue à d'autres États et qu'une partie de ses opérations a été conduite au moyen des courriers des États-Unis.

"Les membres les plus mineurs du gang sont en détention. La police n'arrêtera pas cet homme Fell ; son influence et celle de son gang sont considérables dans les domaines politiques et ailleurs . J'ai appelé le gouverneur et on m'a dit de ne pas arrêter lui. J'ai ignoré ces faits et je vous demande maintenant de le maintenir en détention en tant que prisonnier fédéral. Il m'a vanté que vous ne le toucheriez pas - et si vous ne le faites pas, il va y avoir un bouleversement qui va entrer dans l'histoire ! Maintenant, allez-y. »

L'agent principal déposa la commission de Gramont sur la table et regarda Jachin Fell. Pendant un instant, il y eut un silence de mort. Puis, lorsque le fédéral parla, Gramont fut paralysé.

"Je suis vraiment désolé, M. Gramont , de devoir refuser..."

"Quoi!" s'écria Gramont incrédule. "Oserez-vous rester là et——"

"Un instant s'il vous plaît", dit Fell, sa voix calme s'interrompant. "Il est tout à fait vrai que j'ai organisé tous les criminels possibles, M. Gramont , et que j'ai mis la loterie clandestine sous une forme systématisée. Je l'ai fait par le autorité des États-Unis, afin d'appréhender Memphis Izzy Gumberts et d'autres hommes d'un seul coup. Ces messieurs vous diront que je suis un agent spécial du ministère de la Justice, employé à ce titre grâce aux efforts du juge Forester et du sénateur Flaxman. " Je regrette que cela ait dû être tenu si secret que même le gouverneur lui-même n'en avait pas conscience jusqu'à ce soir. Le conflit était tout à fait inévitable. Aucun membre de ce gang ne doit prendre conscience de ma véritable identité. "

Fell se tourna vers les deux agents qui souriaient.

"Je vous suggère de prendre ce sac de courrier et de prendre des dispositions avec le chef de la police concernant les prisonniers", a-t-il déclaré. "Le chef, bien entendu, ne doit se douter de rien."

Gramont se laissa tomber sur sa chaise, l'automatique lui tombant des mains. Il fut soudain abasourdi, abasourdi. Il fallait pourtant y croire. Il se rendit vaguement compte que Lucie était allée vers Jachin Fell, les bras autour de son cou. Il regarda sans voir.

La prise de conscience le frappa comme un coup, engourdissant son cerveau. Il comprenait maintenant pourquoi le gouverneur s'était entretenu avec le juge Forester et le sénateur, pourquoi il avait été mis hors piste. Il comprenait maintenant pourquoi Fell avait gardé un secret si grand que même pour le chef de la police , sa position imprenable était censée être due à une influence supérieure.

Il a vu comment Fell avait dû travailler mois après mois, silencieusement et terriblement, pour former une organisation compacte des criminels les plus talentueux à sa portée – dirigée par Memphis Izzy, l'homme qui s'était moqué du gouvernement pendant des années ! Et il se vit, furieux, enragé comme un fou...

Gramont laissa tomber sa tête dans ses mains. La douleur de son bras blessé oublié le transperça comme un couteau. Il releva brusquement la tête et comprit que les agents étaient partis. Il était seul avec Lucie et Fell, et ce dernier se levait et lui tendait la main en souriant.

" Gramont , tu m'as devancé dans cette affaire, et je te félicite de tout mon cœur !" » dit Fell avec sérieux. "Aucun de nous ne soupçonnait le rôle joué par l'autre homme, mais vous avez fait le travail et vous l'avez bien fait. Veux-tu me serrer la main ?"

Gramont prit confusément la main qui lui était tendue.

"J'ai été un imbécile", dit-il lentement. "J'aurais pu deviner que quelque chose d'inhabituel était———"

"Non, comment as-tu pu deviner ?" dit Fell. "Il y a trois hommes à Baton Rouge qui connaissent la vérité, et trois personnes dans cette pièce. C'est tout, en dehors des hommes réguliers du gouvernement. Je ne l'avais même pas dit à Lucie, ici ! Je n'osais pas. Et je n'ose rien dire même maintenant. " Dans le monde souterrain dans son ensemble, je serai connu comme l'escroc que même le gouvernement ne pourra pas toucher ; dans les jours à venir, je pourrais être d'une utilité indescriptible pour mon pays. "

"Je suis si content!" Lucie prit la main de Gramont tandis que Jachin Fell la laissait tomber, et Gramont baissa les yeux pour rencontrer ses yeux débordants. "Pendant un instant, j'ai cru que le monde entier était devenu fou, mais maintenant..."

Jachin Fell les regarda un instant, puis il se dirigea tranquillement vers la porte.

« Si vous voulez bien m'excuser un instant, dit-il, je parlerai avec vos hommes qui sont de garde, Gramont . Je… ah… je serai de retour dans un instant, comme Eliza l'a dit lorsqu'elle a traversé la glace ; et nous "

Gramont entendit à peine ces paroles, et n'entendit pas non plus la porte se fermer. Il regardait toujours Lucie Lédanois dans les yeux , et se demandait si le message qu'ils détenaient lui était vraiment destiné.

# CHAPITRE XVII

## *Mi- Carême*

Un gentleman SANS NOM du Nord défavorisé jouissait pour la première fois des privilèges d'une carte d'invité au Chess and Checkers. D'une manière quelque peu perplexe , il s'approcha du bureau du secrétaire et prit un cigare. Puis il s'arrêta, écoutant les bruits de réjouissances qui remplissaient le club et qui arrivaient en rugissant des rues de la ville .

"Dire!" il s'adressa au secrétaire. "Qu'est-ce que c'est que cette Mi-Carême dont j'ai entendu parler dans les journaux ? Je pensais que tout était serré comme une palourde ici après Mardi Gras ! C'est encore le Carême, n'est-ce pas ? Mardi Gras n'arrive plus "

La secrétaire sourit.

" Certes, monsieur, c'est encore le Carême. Mais les Français font ce qu'ils appellent la Mi- Carême , et ils font certainement une grande fête ! Vous voyez, c'est une nuit de mi-Carême où ils peuvent s'amuser. jusqu'à la limite, décompressez-vous, pour ainsi dire. Nous organisons plusieurs dîners ici, au club, ce soir, pour l'occasion.

Un petit homme de constitution menue, qui avait beaucoup l'air d'un employé timide — n'eut été sa tenue de soirée — s'approcha du bureau. Il a signé un chèque pour une poignée de cigares qu'il a rangés.

"S'il vous plaît, fournissez une nouvelle boîte d'El Reys plus tard", a-t-il dit au secrétaire. "La plupart des membres de mon groupe sont ici, je crois."

"Je vais les envoyer, M. Fell", répondit rapidement le secrétaire. "Oui, je pense que la salle à manger est prête pour vous, monsieur. À propos, M. Gramont vous cherchait il y a un instant... ah ! Le voici maintenant !"

Jachin Fell se tourna. Gramont se précipitait sur lui, un télégraphe jaune à la main, l'excitation dans les yeux.

« Écoute, Jachin ! Ce télégramme vient d'arriver de Hammond — tu sais, je l'ai laissé s'occuper des choses au Bayou Terrebonne ! Lis-le, mec, lis-le ! Ils ont heurté des sables bitumineux à cinq cents pieds — et des sables à cinq cents, avec ces indications, ça veut dire un jaillissement à mille ! Où est Lucie ? L'avez-vous amenée ?

"Elle est à l'étage. Eh bien, eh bien !" Jachin Fell jeta un coup d'œil au télégramme et le rendit. " Alors du pétrole est effectivement trouvé ! Cela va certainement être une grande nuit, comme l'a dit Eliza en traversant la glace ! Venez. Retrouvons Lucie et parlons-lui——"

Les deux hommes repartirent ensemble.

Après eux, l'homme du Nord regarda l'homme du Nord, pas du tout abasourdi par ce qu'il avait eu la chance d'entendre. Devant les questions étonnées de ses yeux, le secrétaire assidu s'empressa de l'éclairer.

"C'est M. Gramont , monsieur. On dit qu'il était un vrai prince, en France, et qu'il a vomi parce qu'il voulait devenir Américain. M. Fell dîne à l'étage, c'est la maison de M. Gramont. les fiançailles, tu sais... et le bal de la Mi- Carême après...

"Oh, je sais, je sais", et l'homme du Nord soupira un peu. "J'étais en train de lire tout cela dans le journal. Fell est l'un des meilleurs joueurs d'échecs ici, n'est-ce pas ?"

La secrétaire sourit.

"Eh bien, il joue un jeu très juste, monsieur, un jeu très juste en effet !"

LA FIN